Die Grundschul-grammatik

von Ulrike Holzwarth-Raether
und Ute Müller-Wolfangel

mit Bildern von Kerstin Meyer

Dudenverlag
Berlin

Die Rechtschreibung in diesem Buch folgt im Falle von Schreibvarianten den Empfehlungen von Duden – Die deutsche Rechtschreibung.

Die **Duden-Sprachberatung** beantwortet Ihre Fragen zu Rechtschreibung, Grammatik, Zeichensetzung u. Ä.
montags bis freitags zwischen 09:00 und 17:00 Uhr.
Aus Deutschland: **09001 870098** (1,99 € pro Minute aus dem Festnetz)
Aus Österreich: **0900 844144** (1,80 € pro Minute aus dem Festnetz)
Aus der Schweiz: **0900 383360** (3,13 CHF pro Minute aus dem Festnetz)
Die für Anrufe aus den Mobilfunknetzen können davon abweichen.
Den kostenlosen Newsletter der Duden-Sprachberatung können Sie unter www.duden.de/newsletter abonnieren.

Bibliografische Information der Deutschen Nationalbibliothek
Die Deutsche Nationalbibliothek verzeichnet diese Publikation in der Deutschen Nationalbibliografie; detaillierte bibliografische Daten sind im Internet über http://dnb.dnb.de abrufbar.

Bibliographisches Institut GmbH, Mecklenburgische Straße 53, 14197 Berlin

Redaktionelle Leitung: Dr. Sylvia Schmitt-Ackermann, Grischa Zimmermann
Redaktion: Inge Meyer-Öhlmann
Autorinnen: Ulrike Holzwarth-Raether, Ute Müller-Wolfangel
Illustrationen: Kerstin Meyer

Herstellung: Ursula Fürst
Layout: Horst Bachmann, Weinheim
Umschlaggestaltung: Hemm-communication.design, Filderstadt
Satz: Sigrid Hecker, Mannheim
Druck und Bindung: AZ Druck und Datentechnik GmbH
Heisinger Straße 16, 87437 Kempten
Printed in Germany

ISBN 978-3-411-71882-5

Auch als E-Book erhältlich unter: ISBN 978-3-411-90848-6

www.duden.de

Muss man sich in der Grammatik auskennen?

Eine Grammatik beschreibt, wie eine Sprache aufgebaut ist und wie sie funktioniert.

Jedes Kind kann sich verständigen, ohne die Grammatik studiert zu haben: zunächst auf seine Weise und schließlich in der Art, wie in seiner Umgebung gesprochen wird.

Das muss grammatisch nicht richtig sein. Es klappt aber trotzdem.

Irgendwann aber ist es hilfreich zu wissen, wie die Sprache aufgebaut ist und wie man sie richtig verwendet. Viele Rechtschreibprobleme kannst du lösen, wenn du dich zum Beispiel in den Wortarten und der Wortbildung auskennst. Beim Schreiben eigener Texte hilft es dir, etwas über den Bau der Sätze zu wissen.

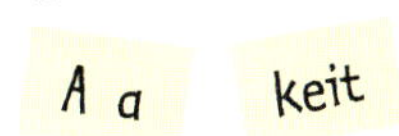

Eine Grammatik als Buch ist eine Regelsammlung, in der man Regeln nachschlagen kann. In der Duden-Grundschulgrammatik kannst du nachschlagen, was du über die deutsche Sprache gelernt und vielleicht wieder vergessen hast. Vielleicht ist es auch etwas, was deine Eltern nicht mehr genau wissen. Denn das kann schon vorkommen, weil früher der Grammatikunterricht oft langweilig war.

Grammatik zu lernen und zu verstehen kann aber auch Spaß machen und spannend sein. Vielleicht wirst du schon beim Durchblättern des Buches neugierig.

Erforsche deine Sprache: witzige Bilder und Beispielgeschichten helfen dir dabei.

Inhaltsverzeichnis

Wortbildung

Satzbildung

Anhang

So findest du dich in diesem Buch zurecht

Das Buch ist in drei große Kapitel eingeteilt:

Wortarten – Du findest hier das Wichtigste über die Form und die Bedeutung der verschiedenen Wortarten.

Wortbildung – Hier geht es darum, nach welchen Mustern Wörter aufgebaut sind und neue gebildet werden.

Satzbildung – Hier findest du Regeln, nach denen Sätze aufgebaut, zusammengesetzt und verknüpft werden können.

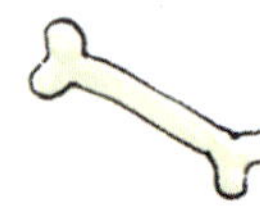

Die farbigen Balken zeigen dir, in welchem der drei Kapitel du gerade liest.

Jedes der drei Kapitel besteht aus mehreren Unterkapiteln. Wie sie heißen, steht als Überschrift in der Kopfzeile. Jedes Kapitel beginnt mit einer Einstiegsseite, auf der das Grammatikthema kurz vorgestellt und erklärt wird.

Auf den folgenden Seiten wird das Thema mit weiteren Erklärungen gründlich behandelt. Beispielsätze und Beispielgeschichten helfen dir, diese gut zu verstehen.

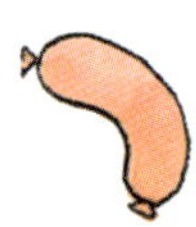

In den Erklärungen findest du meistens lateinische Fachbegriffe. Denn diese sind allgemeingültig und werden auch in den weiterführenden Schulen benutzt. Die auf einer Seite besonders wichtigen **Fachbegriffe** sind orange hervorgehoben. Wenn du einen Begriff nicht kennst, findest du seine Übersetzung in der Überschrift oder in Klammern hinter dem Fachbegriff. Auf jeden Fall findest du ihn in der Liste der Fachbegriffe (siehe Seite 136–139).

Anhang

Am Ende des Buches findest du in einem Anhang:
- Zusammenfassungen zu den drei Kapiteln
- eine Liste mit lateinischen Fachbegriffen und ihren deutschen Übersetzungen
- ein Register, also eine Liste mit Stichwörtern von A bis Z

So findest du, was du suchst:

Wenn du dich über ein Grammatikthema informieren willst, orientiere dich im Inhaltsverzeichnis auf den Seiten 4–5.

Wenn du dir einen Überblick über die Grammatikthemen verschaffen willst, schau die Zusammenfassung auf den Seiten 124–135 an.

Wenn du Informationen zu einem Fachbegriff suchst, schau im Register auf den Seiten 140–144 nach. Dort sind die lateinischen und deutschen Fachbegriffe alphabetisch geordnet. Die Seitenzahlen geben an, wo du überall den Begriff findest.

Nomen / Substantiv (Namenwort)

Wörter, die mit einem großen Anfangsbuchstaben geschrieben werden, sind **Nomen.**

die **F**rau, die **T**ulpe, die **S**pinne, das **B**uch, **M**ax, **B**erlin, **R**hein, **F**rankreich, das **O**bst, der **R**eichtum, die **L**iebe, die **F**reundschaft, das **S**alz

Konkreta und Abstrakta

Mit **Nomen** bezeichnet man Lebewesen, Pflanzen und Gegenstände. Diese Nomen nennt man **Konkreta,** weil sie etwas benennen, das sichtbar, hörbar oder anfassbar ist. Dazu gehören auch Eigennamen, Sammelnamen und Stoffnamen.

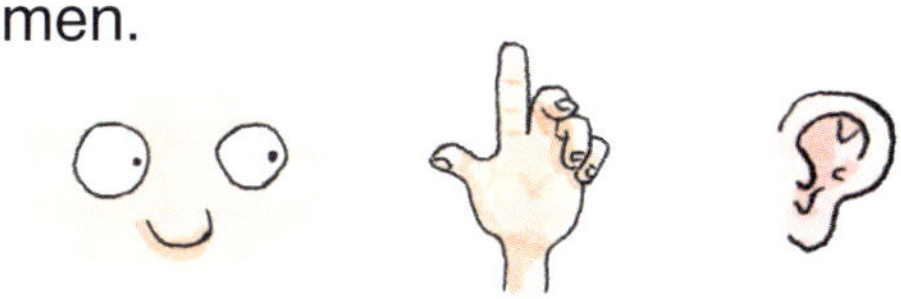

Lebewesen, Pflanzen, Gegenstände	das **K**ind, die **S**pinne, das **B**uch, der **B**aum
Eigennamen	**M**ax, **M**annheim, **R**hein
Sammelnamen	**I**nsekten, **M**öbel, **O**bst
Stoffnamen	**W**asser, **S**alz, **W**olle

Mit **Nomen** bezeichnet man auch etwas Nichtgegenständliches. Diese Nomen nennt man **Abstrakta,** weil sie etwas benennen, was man fühlt, denkt oder sich nur vorstellt.

die **F**reude, das **G**lück, die **K**lugheit, die **K**unst, die **W**ut, der **T**raum, die **M**usik, die **J**ugend

Nomen / Substantiv (Namenwort)

Jedes **Nomen** hat ein **Genus.** Das Geschlecht des Nomens ist entweder männlich, weiblich oder sächlich. Man erkennt es an seinem **Artikel** (Begleiter).

männlich	**der** Kater, **der** Korb
weiblich	**die** Ärztin, **die** Kiste
sächlich	**das** Kind, **das** Bild

Genus (Geschlecht des Nomens)

Bei Nomen, die Menschen oder Tiere bezeichnen, kann man das Geschlecht oft leicht erkennen. Der **männliche Artikel der** steht vor Nomen, die etwas Männliches bezeichnen. Der **weibliche Artikel die** steht vor Nomen, die etwas Weibliches bezeichnen.

Nomen mit natürlichem Geschlecht
die Frau, **der** Mann, **die** Tochter, **der** Sohn,
die Schwester, **der** Bruder
der Hahn, **die** Henne, **der** Hund, **die** Hündin,
der Stier, **die** Kuh

Für die meisten Nomen gibt es aber keine Regel, die hilft, das Geschlecht des Nomens zu bestimmen. Man kann es biologisch nicht erklären. Es heißt deshalb **grammatisches Geschlecht.** Auch hier gibt es die Artikel **der, die** und zusätzlich den Artikel **das.**

Nomen mit grammatischem Geschlecht
der Bus, **die** Straßenbahn, **das** Auto
der Stift, **die** Mappe, **das** Heft

Nomen / Substantiv (Namenwort)

Das Geschlecht einiger Nomen ist an bestimmten Wortbausteinen am Ende des Wortes zu erkennen.

männlich	weiblich	sächlich
-ling	-ei	-chen
der Schmetter**ling** der Lieb**ling**	die Bücher**ei** die Gärtner**ei**	das Wäld**chen** das Schäf**chen**
-ig	-keit	-lein
der Kön**ig** der Käf**ig**	die Fröhlich**keit** die Sauber**keit**	das Ring**lein** das Männ**lein**
-ich	-ung	-tum
der Rett**ich** der Tepp**ich**	die Nahr**ung** die Werb**ung**	das Eigen**tum** das Alter**tum**
-s	-heit	-ment
der Klap**s** der Fuch**s**	die Kind**heit** die Schön**heit**	das Experi**ment** das Doku**ment**
	-in	
	die Schüler**in** die Geiger**in**	
	-schaft	
	die Freund**schaft** die Verwandt**schaft**	

Genus (Geschlecht des Nomens)

Das **Geschlecht** des Nomens wird durch den Artikel angezeigt. Dieser kann die Bedeutung gleichlautender Nomen verändern.

der Kiefer (Teil des Kopfes) **die** Kiefer (Baum)

Es gibt auch gleichlautende Nomen, die bei gleichem Geschlecht, also mit gleichem Artikel, etwas Unterschiedliches bedeuten.

die Bank (Geldinstitut) **die** Bank (Sitzgelegenheit)

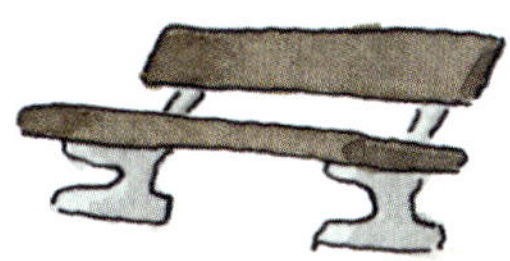

Zusammengesetzte Nomen bestehen aus Grund- und Bestimmungswort. Das Grundwort steht am Ende des zusammengesetzten Nomens und bestimmt sein Geschlecht.

die Hand + **der** Ball → **der** Hand**ball**
der Fuß + **der** Ball → **der** Fuß**ball**
das Tennis + **der** Ball → **der** Tennis**ball**

Nomen / Substantiv (Namenwort)

Der **Numerus** eines Nomens gibt an, ob etwas nur einmal oder mehrmals vorkommt. Wenn etwas nur einmal vorhanden ist, wird der **Singular** (Einzahl) verwendet. Ist etwas mehrmals vorhanden, verwendet man den **Plural** (Mehrzahl).

ein **Stuhl**
viele **Stühle,** drei **Stühle,** mehrere **Stühle**

Es gibt **Nomen,** die keine **Pluralform** haben.

Eigennamen	Mannheim, der Rhein, Frankreich
Sammelnamen	das Obst, das Geschirr, das Gemüse
Abstrakta	das Glück, das Wetter, die Wut, der Hunger
Stoffnamen	der Zucker, die Milch, das Wasser

Manche **Nomen** werden nur im **Plural** verwendet.

die Eltern, die Leute, die Geschwister,
die Ferien, die Kosten, die Alpen

Nomen / Substantiv (Namenwort)

Die **Pluralformen** von Nomen werden auf verschiedene Weise gebildet:

mit den Endungen -e, -n, -en, -er, -s

der Brief	die Brief**e**
die Feder	die Feder**n**
das Hemd	die Hemd**en**
das Feld	die Feld**er**
das Bonbon	die Bonbon**s**

mit den Umlauten ä, ö, ü

der Apfel	die **Ä**pfel
der Ofen	die **Ö**fen
der Bruder	die Br**ü**der

mit Endung und Umlaut

das Buch	die B**ü**ch**er**
der Ball	die B**ä**ll**e**
der Frosch	die Fr**ö**sch**e**
die Maus	die M**ä**us**e**

Numerus (Zahl des Nomens)

Bei einigen Nomen kann man nur am **Artikel** erkennen, ob es sich um **Singular** oder **Plural** handelt.

der Koffer	**die** Koffer
der Deckel	**die** Deckel
das Kissen	**die** Kissen
das Mäuschen	**die** Mäuschen
das Männlein	**die** Männlein

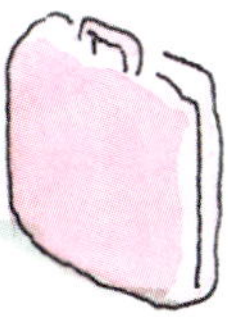

Einige Fremdwörter haben eine besondere Pluralform.

der Atlas	die Atlanten
der Kaktus	die Kakteen
die Pizza	die Pizzen
das Lexikon	die Lexika
das Museum	die Museen
das Album	die Alben
der Rhythmus	die Rhythmen
das Konto	die Konten

Du kannst aber auch sagen:
die Atlasse, die Kaktusse,
die Pizzas.

Nomen / Substantiv (Namenwort)

Wenn ein **Nomen** in einem Satz verwendet wird, verändert es seine Form. Es steht dann in einem bestimmten Kasus (Fall). Das nennt man **Deklination** (Beugung). Man unterscheidet sie im **Kasus.** Das sind die **vier Fälle.**

1. Fall (Nominativ)	**Der Affe** ist traurig.
2. Fall (Genitiv)	Die Frau **des Affen** ist weg.
3. Fall (Dativ)	Das gefällt **dem Affen** nicht.
4. Fall (Akkusativ)	Wir trösten **den Affen.**

Kasus (Fall des Nomens)

Mit der Frageprobe kann man den **Fall** eines Nomens herausfinden. Dazu fragt man nach dem Nomen mit bestimmten Fragewörtern.

Fall	Fragewort	Beispiel
1. Fall (Nominativ)	Wer? Was?	Der Affe ist traurig. **Wer** ist traurig? → **der Affe**
2. Fall (Genitiv)	Wessen?	Die Frau des Affen ist weg. **Wessen** Frau ist weg? → **des Affen**
3. Fall (Dativ)	Wem?	Das gefällt dem Affen nicht. **Wem** gefällt das nicht? → **dem Affen**
4. Fall (Akkusativ)	Wen? Was?	Wir trösten den Affen. **Wen** trösten wir? → **den Affen**

Der **Artikel** begleitet das Nomen. Man unterscheidet zwischen dem **bestimmten** und **unbestimmten Artikel.**

bestimmter Artikel	**der, die, das**
unbestimmter Artikel	**ein, eine, ein**

Bestimmter und unbestimmter Artikel

Der **unbestimmte Artikel** wird verwendet, wenn man irgendeine Person oder Sache meint, über die man noch nichts Genaueres sagen kann.

Der **bestimmte Artikel** wird verwendet, wenn man eine bestimmte Person oder Sache meint.

Zu unserem Haus gehört **ein** Garten.
Der Garten ist klein.

An seinem Ende steht **eine** Mauer.
Die Mauer ist alt und etwas baufällig.

Auf der Mauer liegt **ein** Häuschen.
Das Häuschen gehört einer Schnecke.

Kein, keine, kein ist die Verneinung von **ein, eine, ein.**
Ich habe kein Häuschen.

Artikel (Begleiter)

Der **bestimmte Artikel** zeigt das **Geschlecht** des Nomens an. Er kommt im **Singular** und im **Plural** vor. Im Satz richtet er sich nach dem **Fall** des dazugehörigen Nomens.

Singular

männlich

1. Fall (Nominativ)	**Der** Kater schnurrt.
2. Fall (Genitiv)	Das Fell **des** Katers ist weich.
3. Fall (Dativ)	**Dem** Kater geht es gut.
4. Fall (Akkusativ)	Ich streichle **den** Kater.

weiblich

1. Fall (Nominativ)	**Die** Katze schnurrt.
2. Fall (Genitiv)	Das Fell **der** Katze ist weich.
3. Fall (Dativ)	**Der** Katze geht es gut.
4. Fall (Akkusativ)	Ich streichle **die** Katze.

sächlich

1. Fall (Nominativ)	**Das** Kätzchen schnurrt.
2. Fall (Genitiv)	Das Fell **des** Kätzchens ist weich.
3. Fall (Dativ)	**Dem** Kätzchen geht es gut.
4. Fall (Akkusativ)	Ich streichle **das** Kätzchen.

Plural

männlich

1. Fall (Nominativ)	**Die** Kater schnurren.
2. Fall (Genitiv)	Das Fell **der** Kater ist weich.
3. Fall (Dativ)	**Den** Katern geht es gut.
4. Fall (Akkusativ)	Ich streichle **die** Kater.

weiblich

1. Fall (Nominativ)	**Die** Katzen schnurren.
2. Fall (Genitiv)	Das Fell **der** Katzen ist weich.
3. Fall (Dativ)	**Den** Katzen geht es gut.
4. Fall (Akkusativ)	Ich streichle **die** Katzen.

sächlich

1. Fall (Nominativ)	**Die** Kätzchen schnurren.
2. Fall (Genitiv)	Das Fell **der** Kätzchen ist weich.
3. Fall (Dativ)	**Den** Kätzchen geht es gut.
4. Fall (Akkusativ)	Ich streichle **die** Kätzchen.

Artikel (Begleiter)

Der **unbestimmte Artikel** zeigt ebenfalls das **Geschlecht** des Nomens an. Er richtet sich im Satz nach dem **Fall** des dazugehörigen Nomens. Für den unbestimmten Artikel gibt es keine **Pluralform.**

1. Fall (Nominativ)
Ein Kater / **eine** Katze / **ein** Kätzchen hat Krallen.

2. Fall (Genitiv)
Die Krallen **eines** Katers / **einer** Katze / **eines** Kätzchens sind scharf.

3. Fall (Dativ)
Die Krallen helfen **einem** Kater / **einer** Katze / **einem** Kätzchen sich zu verteidigen.

4. Fall (Akkusativ)
Ich ärgere deshalb nie **einen** Kater / **eine** Katze / und noch nicht einmal **ein** Kätzchen.

Weil es für den unbestimmten Artikel keine Pluralform gibt, kannst du stattdessen die Wörter **manche, einige, viele, alle** benutzen.
Alle Katzen schärfen ihre Krallen.

Bestimmter und unbestimmter Artikel

Der **bestimmte Artikel** und der **unbestimmte Artikel** stehen immer vor dem dazugehörigen **Nomen.**

der Kuss, **ein** Kuss, **kein** Kuss
die Liebe, **eine** Liebe, **keine** Liebe
das Lied, **ein** Lied, **kein** Lied

Zwischen Artikel und Nomen können aber auch andere Wörter stehen. Oft sind es Adjektive.

der erste Kuss
ein erster Kuss
kein erster Kuss

die große Liebe
eine große Liebe
keine große Liebe

das schöne Lied
ein schönes Lied
kein schönes Lied

Manchmal wird der Artikel des Nomens weggelassen, vor allem bei:

Eigennamen	**Benno** will seiner Freundin ein rotes Herz schenken.
Stoffnamen	Es soll aus **Papier** und **Holz** sein.
Sammelnamen	Er sucht im Keller nach **Werkzeug** und **Farben.**

Adjektiv (Wiewort)

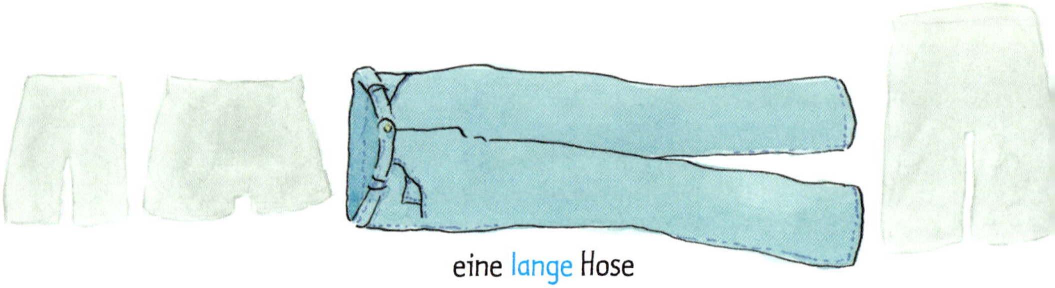

eine lange Hose

der dicke Hund

das spannende Buch

Adjektive sagen, wie etwas ist. Sie bezeichnen Eigenschaften und Merkmale von Lebewesen, Gegenständen und Gefühlen. Man verwendet sie, um etwas zu verdeutlichen, zu unterscheiden und zu bewerten.

lang, dick, spannend, lustig, türkisch,
laut, mittelalterlich, schrecklich, groß

Adjektiv vor dem Nomen

Es gibt verschiedene Möglichkeiten, wie das Adjektiv verwendet wird.

Das **Adjektiv** kann direkt vor dem **Nomen** stehen. Dann verändert es sich mit dem Nomen. Es wird **dekliniert** (gebeugt).

Singular

männlich

1. Fall (Nominativ)	Der **alte** Esel schreit.
2. Fall (Genitiv)	Das Fell des **alten** Esels ist struppig.
3. Fall (Dativ)	Dem **alten** Esel fällt das Tragen schwer.
4. Fall (Akkusativ)	Den **alten** Esel will keiner mehr.

weiblich

1. Fall (Nominativ)	Die **alte** Gans schnattert.
2. Fall (Genitiv)	Das Gefieder der **alten** Gans ist stumpf.
3. Fall (Dativ)	Der **alten** Gans fällt das Fliegen schwer.
4. Fall (Akkusativ)	Die **alte** Gans will keiner mehr.

Adjektiv (Wiewort)

Singular

sächlich

1. Fall (Nominativ)	Das **alte** Schaf blökt.
2. Fall (Genitiv)	Die Wolle des **alten** Schafes ist dünn.
3. Fall (Dativ)	Dem **alten** Schaf fällt das Gehen schwer.
4. Fall (Akkusativ)	Das **alte** Schaf will keiner mehr.

Plural in den vier Fällen

männlich	weiblich	sächlich
die alt**en** Esel	die alt**en** Gänse	die alt**en** Schafe
der alt**en** Esel	der alt**en** Gänse	der alt**en** Schafe
den alt**en** Eseln	den alt**en** Gänsen	den alt**en** Schafen
die alt**en** Esel	die alt**en** Gänse	die alt**en** Schafe

Es waren einmal
ein alter Esel,
ein altes Schaf,
eine alte Gans,
die ...

Adjektiv nach dem Nomen

Das **Adjektiv** kann auch nach dem **Nomen** stehen. Dann bezieht es sich ebenfalls auf das Nomen, ist aber meistens mit dem Hilfsverb **sein, werden** oder **bleiben** verbunden. Dabei verändert es seine Form nicht.

Die Suppe ist salzig.

Die Gäste werden wütend.

Der Koch bleibt ruhig.

Das **Adjektiv** kann sich auf ein **Verb** beziehen und dieses näher beschreiben. Dann ist es ein Beiwort zum Verb, ein **Adverb.** Es verändert seine Form nicht.

Felix singt **falsch.**

Der Chorleiter unterbricht **zornig** die Probe.

In der Pause schleicht Felix **heimlich** aus dem Probenraum.

Adjektiv (Wiewort)

Adjektive kann man **steigern.** Man kann damit Unterschiede ausdrücken und etwas miteinander vergleichen.

die **schnelle** Strecke	**schnell** rennen
die **schnellere** Strecke	**schneller** rennen
die **schnellste** Strecke	**am schnellsten** rennen

Es gibt drei verschiedene Steigerungsstufen: den **Positiv** (Grundstufe), den **Komparativ** (1. Vergleichsstufe) und den **Superlativ** (2. Vergleichsstufe).

Steigerung des Adjektivs

Bezieht sich das **Adjektiv** beim Steigern auf ein **Nomen,** wird es in allen Steigerungsstufen **dekliniert** (gebeugt).

Grundstufe	Ich nehme die **schnelle** Strecke / den **schnellen** Bus / das **schnelle** Fahrrad.
1. Vergleichsstufe	Tom nimmt die **schnellere** Strecke / den **schnelleren** Bus / das **schnellere** Fahrrad.
2. Vergleichsstufe	Lea nimmt die **schnellste** Strecke / den **schnellsten** Bus / das **schnellste** Fahrrad.

Bezieht sich das **Adjektiv** beim Steigern auf ein **Verb,** dann wird es nicht dekliniert.

Grundstufe	Ich renne **schnell.**
1. Vergleichsstufe	Tom rennt **schneller.**
2. Vergleichsstufe	Lea rennt **am schnellsten.**

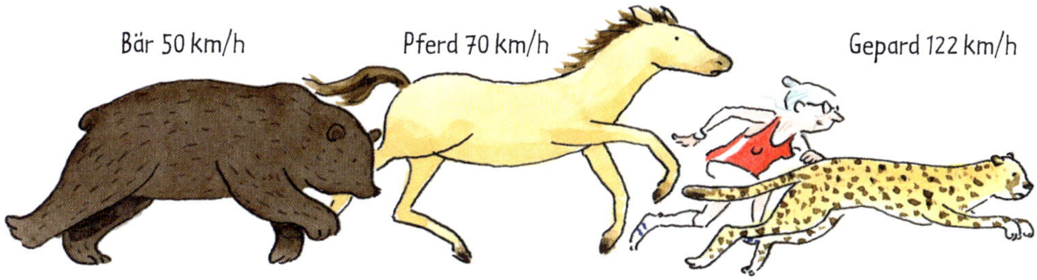

Adjektiv (Wiewort)

Die Vergleichsstufen werden unterschiedlich gebildet.

Die **1. Vergleichsstufe** wird mit **-er** und die **2. Vergleichsstufe** mit **-st** gebildet.

frech	frech**er**	frech**st**en

Bei manchen Adjektiven wird vor **-st** ein **-e** eingesetzt, weil man dann das Wort besser sprechen kann.

bunt	bunter	bunt**e**sten

Bei manchen Adjektiven wechseln beim Steigern die Vokale von **a, o, u** zu **ä, ö, ü**.

st**a**rk	st**ä**rker	st**ä**rksten
gr**o**b	gr**ö**ber	gr**ö**bsten
k**u**rz	k**ü**rzer	k**ü**rzesten

Wenn man mit Adjektiven etwas direkt miteinander vergleicht, benutzt man die Vergleichswörter **so … wie, ebenso … wie, genauso … wie, als** und **am**.

Grundstufe	Mama rennt **so** schnell **wie** ich.
1. Vergleichsstufe	Opa rennt schneller **als** Mama.
2. Vergleichsstufe	Oma rennt **am** schnellsten von uns.

Steigerung des Adjektivs

Einige wenige **Adjektive** haben ganz besondere **Steigerungsformen.**

Die Zugspitze ist **hoch.**
Der Montblanc ist **höher** als die Zugspitze.
Der Mount Everest ist am **höchsten.**

Das Wetter war in der ersten Woche **gut,**
in der zweiten war es **besser,**
in der dritten war es am **besten.**

Viele Kinder wählten Franzi als Klassensprecherin.
Mehr Stimmen als Franzi bekam Anton.
Die **meisten** Stimmen erhielt Nuran.

Nicht alle Adjektive können gesteigert werden, weil man sich ein Mehr oder Weniger davon nicht vorstellen kann. Auch Farbadjektive werden meistens nicht gesteigert.

blind, tot, lebendig, stumm,
rund, quadratisch, dreieckig,
total, super,
gelb, rot, grün,
arbeitslos, steinreich, eiskalt

Wie ist es mit voll und leer?

Verb (Tunwort)

Mit **Verben** kann man ausdrücken, was jemand tut oder was geschieht oder in welchem Zustand sich jemand oder etwas befindet.

Tätigkeitsverben	graben, pflanzen, gießen, pflücken
Vorgangsverben	regnen, wachsen, blühen, reifen
Zustandsverben	schlafen, träumen, liegen

Konjugation (Beugung des Verbs)

In einem Wörterbuch findet man Verben im **Infinitiv** (Grundform).

lachen, weinen, stehen, sitzen

Verben bestehen aus mindestens zwei Teilen, dem **Wortstamm** und einer **Endung.**

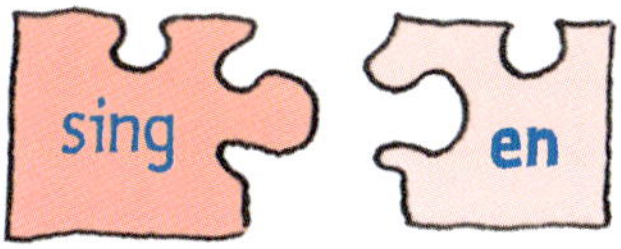

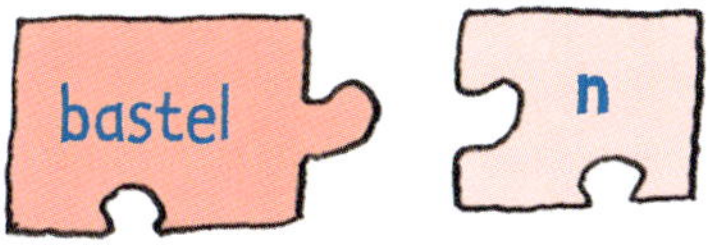

Wenn man ein **Verb** im Satz verwendet, verändert es seine Form, je nachdem wer etwas tut und wann etwas geschieht. Diese Veränderung nennt man **Konjugation.**

Manche Verben verändern sich nur wenig oder schwach. Man nennt sie **regelmäßige Verben.** Manche verändern sich stark. Das sind die **unregelmäßigen Verben.**

schwach verändert

suchen — Ich **suche** meine Brille.
Er **suchte** seine Brille.

stark verändert

essen — Sie **isst** viel.
Er **aß** wenig.

Verb (Tunwort)

Bei der **Konjugation** unterscheidet man die **1. Person, 2. Person** und **3. Person** im Singular und Plural. Dadurch wird deutlich, ob man von sich spricht, jemanden direkt anspricht oder über andere spricht.

1. Person Eine Person meint sich selbst (Singular) oder sich selbst und andere (Plural).

ich spiel**e** — **wir** spiel**en**

2. Person Eine Person (Singular) oder mehrere Personen (Plural) werden direkt angesprochen.

du spiel**st** — **ihr** spiel**t**

3. Person Es wird über Personen (Singular oder Plural) gesprochen.

er/sie/es spiel**t** — **sie** spiel**en**

In der Grammatik versteht man unter Person nicht nur Menschen, sondern auch Tiere, Gegenstände und etwas Nichtgegenständliches.

Konjugation (Beugung des Verbs)

Vor viele Verben kann man das Wörtchen **sich** setzen.
Diese Verben nennt man **reflexive Verben.**
Reflexiv bedeutet rückbezüglich. Das Wörtchen **sich** bezieht sich dann zurück auf das Subjekt im Satz.
Es verändert seine Form.

1. Person	Ich wasche. **Ich** wasche **mich.**	Wir waschen. **Wir** waschen **uns.**
2. Person	Du wäschst. **Du** wäschst **dich.**	Ihr wascht. **Ihr** wascht **euch.**
3. Person	Er, sie, es wäscht. **Er, sie, es** wäscht **sich.**	Sie waschen. **Sie** waschen **sich.**

Verben, die man mit und ohne das Wörtchen **sich** benutzen kann, nennt man unechte reflexive Verben, zum Beispiel:
lieben – sich lieben,
verstehen – sich verstehen,
treffen – sich treffen.

Verb (Tunwort)

Echte **reflexive Verben** brauchen immer das Wörtchen **sich.** Man kann es nicht weglassen.

Je nachdem mit welchem Verb das Wörtchen **sich** auftritt, verändert sich der **Fall,** in dem es steht.

Akkusativ	Dativ
Ich ärgere **mich.**	**Ich** schade **mir.**
Du ärgerst **dich.**	**Du** schadest **dir.**
Er, sie, es ärgert **sich.**	**Er, sie, es** schadet **sich.**
Wir ärgern **uns.**	**Wir** schaden **uns.**
Ihr ärgert **euch.**	**Ihr** schadet **euch.**
Sie ärgern **sich.**	**Sie** schaden **sich.**

Echte reflexive Verben sind zum Beispiel:
sich erholen, sich beeilen, sich bedanken, sich wundern, sich verspäten, sich freuen.

Mit dem **Imperativ** (Befehlsform) wird jemand direkt angesprochen. Man kann jemanden um etwas bitten, jemanden auffordern, etwas zu tun, oder jemandem etwas verbieten. Dafür gibt es die **Du-Form**, die **Ihr-Form** und die Höflichkeitsform **Sie**.

	Bitte
Du-Form	**Nimm** bitte auf andere Rücksicht!
Ihr-Form	**Nehmt** bitte auf andere Rücksicht!
Sie-Form	**Nehmen Sie** bitte auf andere Rücksicht!

	Aufforderung oder Anweisung
Du-Form	**Beeile** dich!
Ihr-Form	**Beeilt** euch!
Sie-Form	**Beeilen Sie** sich!

	Verbot
Du-Form	**Steig** nicht über die Bande!
Ihr-Form	**Steigt** nicht über die Bande!
Sie-Form	**Steigen Sie** nicht über die Bande!

Verb (Tunwort)

Es gibt die drei **Zeitstufen** **früher, jetzt, später** und dazu passende **Zeitformen** des Verbs (Tempus). Das **Verb** verändert seine Form, je nachdem in welcher Zeitstufe etwas geschieht oder stattfindet.

früher	ich malte, ich habe gemalt
jetzt	ich male
später	ich werde malen

Tempus (Zeitform des Verbs)

Das **Präsens** (Gegenwartsform) ist eine **Zeitform,** die verwendet wird, wenn man ausdrücken will, was gerade geschieht oder was immer gültig ist.

früher ← jetzt → später

Melih **malt** gerade ein Bild.

Köln **liegt** am Rhein.

Mit Zeitangaben, wie **morgen, bald, später, nächstes Jahr,** kann das Präsens verwendet werden, selbst wenn etwas erst in der Zukunft geschieht.

Bald **legt** Melih seine Farben weg.

Morgen **malt** er weiter.

Verb (Tunwort)

Bei **regelmäßigen Verben** wird das **Präsens** aus dem **Wortstamm** und den **Endungen** **-e, -st, -t, -en, -t, -en** gebildet.

	Singular	Plural
1. Person	ich mal**e**	wir mal**en**
2. Person	du mal**st**	ihr mal**t**
3. Person	er/sie/es mal**t**	sie mal**en**

Bei den **unregelmäßigen Verben** ist es nicht so einfach. Sie verändern sich stark.

Grundform	Präsens	Veränderung
f**a**hren	du f**ä**hrst	a → ä
d**ü**rfen	ich d**a**rf	ü → a
m**ö**gen	er m**a**g	ö → a
l**e**sen	sie l**ie**st	e → ie
g**e**ben	er g**i**bt	e → i
l**au**fen	du l**äu**fst	au → äu
w**i**ssen	er w**ei**ß	i → ei

Tempus (Zeitform des Verbs)

Das **Präteritum** (1. Vergangenheitsform) ist eine **Zeitform,** die verwendet wird, wenn man ausdrücken will, was schon einige Zeit zurückliegt, was vorbei ist.

Das Präteritum wird vor allem in Märchen, Geschichten und Erzählungen verwendet.

früher ⟵ **jetzt** ⟶ **später**

Es war einmal ein kleines Mädchen.
Das packte den Korb für seine
schwache und kranke Großmutter.
Die Mutter gab ihm Wein und Kuchen
und es malte noch geschwind
ein lustiges Bild dazu.

Das Präteritum nennt man auch **Erzählzeit.**

Verb (Tunwort)

Bei **regelmäßigen Verben** wird das **Präteritum** aus dem **Wortstamm** und den **Endungen** -te, -test, -te, -ten, -tet, -ten gebildet.

	Singular	Plural
1. Person	ich mal**te**	wir mal**ten**
2. Person	du mal**test**	ihr mal**tet**
3. Person	er/sie/es mal**te**	sie mal**ten**

Unregelmäßige Verben verändern sich im **Präteritum** stark.

Grundform	Präteritum	Veränderung
schr**ei**ben	du schr**ie**bst	ei → ie
l**au**fen	ich l**ie**f	au → ie
f**a**ngen	er f**i**ng	a → i
l**e**sen	sie l**a**s	e → a
m**ö**gen	er m**o**chte	ö → o
d**ü**rfen	du d**u**rftest	ü → u
w**i**ssen	er w**u**sste	i → u
f**a**hren	wir f**u**hren	a → u
beg**i**nnen	es beg**a**nn	i → a
fallen	ich fiel	a → ie
kommen	er kam	o → a

Das **Perfekt** (2. Vergangenheitsform) ist eine **Zeitform,** die meistens verwendet wird, wenn man über etwas Vergangenes spricht.

früher ← jetzt → später

Das Perfekt nennt man auch **Sprechvergangenheit.**

„Gestern **hat** Melih ein großes Bild **gemalt.** Dabei **ist** ihm ein Farbtopf **umgefallen.**"

„Und was **habt** ihr dann **gemacht?**"

„Wir **haben** einfach mit den Füßen **weitergemalt.**"

Verb (Tunwort)

Das **Perfekt** ist eine zusammengesetzte **Zeitform.** Sie wird mit den **Hilfsverben haben** oder **sein** gebildet.

haben	Singular	Plural
1. Person	ich **habe gemalt**	wir **haben gemalt**
2. Person	du **hast gemalt**	ihr **habt gemalt**
3. Person	er/sie/es **hat gemalt**	sie **haben gemalt**

Verben, die eine Bewegung oder Veränderung ausdrücken, werden im Perfekt mit dem **Hilfsverb sein** gebildet.

sein	Singular	Plural
1. Person	ich **bin gefallen**	wir **sind gefallen**
2. Person	du **bist gefallen**	ihr **seid gefallen**
3. Person	er/sie/es **ist gefallen**	sie **sind gefallen**

Verben, die eine Bewegung ausdrücken, sind zum Beispiel: fallen, fahren, rennen, rasen, laufen, fliegen, krabbeln, schleichen.

Tempus (Zeitform des Verbs)

Das **Futur** (Zukunftsform) ist eine **Zeitform,** die verwendet wird, wenn man ausdrücken will, was noch nicht stattgefunden hat. Man kann damit aber auch eine Vermutung oder eine Absicht äußern.

früher ⟵ **jetzt** ⟶ **später**

Melih **wird** für den Basar noch einige Bilder **malen.**
Sicher **werden** viele Eltern **kommen.**
Ich **werde** bestimmt auch **hingehen.**

Das **Futur** ist eine zusammengesetzte **Zeitform.** Sie wird mit dem **Hilfsverb** **werden** gebildet.

werden	**Singular**	**Plural**
1. Person	ich **werde malen**	wir **werden malen**
2. Person	du **wirst malen**	ihr **werdet malen**
3. Person	er/sie/es **wird malen**	sie **werden malen**

Verb (Tunwort)

Im Satz unterscheidet man zwischen Verbformen im **Aktiv** und Verbformen im **Passiv.**

Mit Verbformen im Aktiv sagt man, was eine Person oder Sache macht.

Sam **repariert** das Fahrrad.

Mit Verbformen im Passiv wird gesagt, was mit einer Person oder einer Sache gemacht wird.

Das Fahrrad **wird** von Sam **repariert.**

Aktiv und Passiv (Tatform und Leideform)

Das **Passiv** ist eine zusammengesetzte Verbform. Wenn sie eine Handlung oder einen Vorgang beschreibt, wird sie mit dem **Hilfsverb** **werden** gebildet. Das Passiv gibt es in allen Zeitformen.

	Aktiv	Passiv
Präsens	Sam **repariert** das Fahrrad.	Das Fahrrad **wird** von Sam **repariert.**
Präteritum	Sam **reparierte** das Fahrrad.	Das Fahrrad **wurde** von Sam **repariert.**
Perfekt	Sam **hat** das Fahrrad **repariert.**	Das Fahrrad **ist** von Sam **repariert** **worden.**
Futur	Sam **wird** das Fahrrad **reparieren.**	Das Fahrrad **wird** von Sam **repariert** **werden.**

Auch das ist eine Passivform:
Das Fahrrad ist jetzt repariert.

Pronomen (Fürwort)

Personalpronomen sind **ich, du, er, sie, es, wir, ihr, sie.**
Sie sind **Stellvertreter** für eine Person und stehen für:

eine Person, die sich allein (Singular) oder sich selbst und andere meint (Plural)	**ich** singe 1. Sg **wir** singen 1. pl.
eine Person (Singular) oder mehrere Personen (Plural), die direkt angesprochen werden	**du** singst 2. Sg **ihr** singt 2. pl
Personen (Singular und Plural), über die gesprochen wird	**er/sie/es** singt 3. Sg **sie** singen 3. pl

Personalpronomen (persönliches Fürwort)

Das **Personalpronomen** richtet sich im Singular und Plural, im Geschlecht und im Fall nach dem Wort, das es ersetzt. Es wird **dekliniert** (gebeugt). Deklination

Singular

1. Person	
1. Fall (Nominativ)	**Ich** singe in der Badewanne.
3. Fall (Dativ)	**Mir** gefällt das.
4. Fall (Akkusativ)	**Mich** hört ja keiner.
2. Person	
1. Fall (Nominativ)	**Du** singst in der Badewanne.
3. Fall (Dativ)	**Dir** gefällt das.
4. Fall (Akkusativ)	**Dich** hört ja keiner.
3. Person männlich	
1. Fall (Nominativ)	**Er** singt in der Badewanne.
3. Fall (Dativ)	**Ihm** gefällt das.
4. Fall (Akkusativ)	**Ihn** hört ja keiner.
3. Person weiblich	
1. Fall (Nominativ)	**Sie** singt in der Badewanne.
3. Fall (Dativ)	**Ihr** gefällt das.
4. Fall (Akkusativ)	**Sie** hört ja keiner.
3. Person sächlich	
1. Fall (Nominativ)	**Es** singt in der Badewanne.
3. Fall (Dativ)	**Ihm** gefällt das.
4. Fall (Akkusativ)	**Es** hört ja keiner.

Pronomen (Fürwort)

Plural

1. Person	
1. Fall (Nominativ)	**Wir** singen in der Badewanne.
3. Fall (Dativ)	**Uns** gefällt das.
4. Fall (Akkusativ)	**Uns** hört ja keiner.
2. Person	
1. Fall (Nominativ)	**Ihr** singt in der Badewanne.
3. Fall (Dativ)	**Euch** gefällt das.
4. Fall (Akkusativ)	**Euch** hört ja keiner.
3. Person	
1. Fall (Nominativ)	**Sie** singen in der Badewanne.
3. Fall (Dativ)	**Ihnen** gefällt das.
4. Fall (Akkusativ)	**Sie** hört ja keiner.

Der 2. Fall des Personalpronomens fehlt, weil er nur noch ganz selten benutzt wird: Gedenke **meiner.**

Personalpronomen (persönliches Fürwort)

Mit den **Personalpronomen** **er, sie, es, wir, sie** kann man **Nomen** ersetzen, die man bereits genannt hat und nicht wiederholen will.

Sina holt mich zum Fußball ab. **Sie** steht vor der Tür.

Ich suche mein **Trikot. Es** hängt noch im Bad.

Wo ist mein **Ball? Er** liegt unter meinem Bett.

Am Himmel ziehen **Regenwolken** auf. **Sie** stören uns nicht.

Ich gehe mit **Sina** raus. **Wir** sind ja nicht aus Zucker.

Das Personalpronomen **es** verwendet man auch, wenn der, der etwas verursacht oder bewirkt, nicht genannt wird.

Es schneit.

Es donnert.

Es blitzt.

Es regnet.

Pronomen (Fürwort)

Possessivpronomen sind **mein, dein, sein, ihr, unser, euer, ihr.** Mit ihnen kann man ausdrücken, wem etwas oder zu wem jemand gehört.
Das kann auch etwas sein, was man nicht direkt besitzt.

Meine Mutter hat verschlafen.

Ich verpasse bestimmt **meinen** Bus.

Possessivpronomen (besitzanzeigendes Fürwort)

Jedem **Personalpronomen** kann ein **Possessivpronomen** zugeordnet werden.

Personalpronomen		Possessivpronomen		
Ich	habe einen Freund.	Das ist	**mein**	Freund.
Du	hast einen Freund.	Das ist	**dein**	Freund.
Er	hat einen Freund.	Das ist	**sein**	Freund.
Sie	hat einen Freund.	Das ist	**ihr**	Freund.
Es	hat einen Freund.	Das ist	**sein**	Freund.
Wir	haben einen Freund.	Das ist	**unser**	Freund.
Ihr	habt einen Freund.	Das ist	**euer**	Freund.
Sie	haben einen Freund.	Das ist	**ihr**	Freund.

Pronomen (Fürwort)

Das **Possessivpronomen** wird meistens als **Begleiter** eines **Nomens** verwendet. Dann steht es vor dem Nomen. Es richtet sich im Singular und Plural, im Geschlecht und im Fall nach dem Nomen. Es wird **dekliniert** (gebeugt).

Singular

1. Fall (Nominativ)
Mein Freund / **meine** Freundin / **mein** Kaninchen ist witzig.

2. Fall (Genitiv)
Über die Späße **meines** Freundes / **meiner** Freundin / **meines** Kaninchens lachen alle.

3. Fall (Dativ)
Mit **meinem** Freund / **meiner** Freundin / **meinem** Kaninchen übe ich Zauberkunststücke.

4. Fall (Akkusativ)
Bald melde ich **meinen** Freund / **meine** Freundin / **mein** Kaninchen und mich im Zirkus an.

Plural

1. Fall (Nominativ)
Meine Freunde / **meine** Freundinnen / **meine** Kaninchen sind witzig.

2. Fall (Genitiv)
Über die Späße **meiner** Freunde / **meiner** Freundinnen / **meiner** Kaninchen lachen alle.

3. Fall (Dativ)
Mit **meinen** Freunden / **meinen** Freundinnen / **meinen** Kaninchen übe ich Zauberkunststücke.

4. Fall (Akkusativ)
Bald melde ich **meine** Freunde / **meine** Freundinnen / **meine** Kaninchen und mich im Zirkus an.

Das **Possessivpronomen** kann auch als **Stellvertreter** für ein **Nomen** verwendet werden.

Wem gehört der Ball?
Es ist **meiner.**
Von wegen, es ist **seiner.**

Die Possessivpronomen **dein, sein, ihr, unser, euer, ihr** werden wie **mein** dekliniert.
Bald melde ich unser Kaninchen im Zirkus an.

Pronomen (Fürwort)

Mit einem **Demonstrativpronomen** zeigt man auf etwas oder weist auf etwas Gesagtes hin. Das wird dann besonders hervorgehoben.

dieser, diese, dieses	**Diese** Farbe gefällt mir gut.
der, die, das	**Die** dort gefällt mir noch besser.
jener, jene, jenes	**Jene** Farbe neulich war die beste.

Demonstrativpronomen (hinweisendes Fürwort)

Das **Demonstrativpronomen** kommt oft als **Begleiter** eines **Nomens** vor. Dann steht es vor dem Nomen. Es richtet sich im Singular und Plural, im Geschlecht und im Fall nach dem Nomen. Es wird **dekliniert** (gebeugt).

Singular

1. Fall (Nominativ)
Dieser Rock ist zu eng.
Diese Hose ist zu eng.
Dieses Hemd ist zu eng.

2. Fall (Genitiv)
Die Farbe **dieses** Rockes ist zu grell.
Die Farbe **dieser** Hose ist zu grell.
Die Farbe **dieses** Hemdes ist zu grell.

3. Fall (Dativ)
Diesem Rock fehlt ein Knopf.
Dieser Hose fehlt ein Knopf.
Diesem Hemd fehlt ein Knopf.

4. Fall (Akkusativ)
Ich sende **diesen** Rock zurück.
Ich sende **diese** Hose zurück.
Ich sende **dieses** Hemd zurück.

Pronomen (Fürwort)

Plural

1. Fall (Nominativ)
Diese Röcke sind zu eng.
Diese Hosen sind zu eng.
Diese Hemden sind zu eng.

2. Fall (Genitiv)
Die Farben **dieser** Röcke sind zu grell.
Die Farben **dieser** Hosen sind zu grell.
Die Farben **dieser** Hemden sind zu grell.

3. Fall (Dativ)
Diesen Röcken fehlt ein Knopf.
Diesen Hosen fehlt ein Knopf.
Diesen Hemden fehlt ein Knopf.

4. Fall (Akkusativ)
Ich sende **diese** Röcke zurück.
Ich sende **diese** Hosen zurück.
Ich sende **diese** Hemden zurück.

Jener, jene, jenes werden wie **dieser, diese, dieses** dekliniert.

Demonstrativpronomen (hinweisendes Fürwort)

Das **Demonstrativpronomen** kann auch als **Stellvertreter** für ein **Nomen** verwendet werden. Es wird wie das Nomen, das es ersetzt, **dekliniert** (gebeugt).

Ich brauche einen Mantel.	**Dieser** ist zu klein.
Passt der Mantel?	**Jener** neulich passte besser.
Welcher Mantel gefällt dir?	**Der** dort!
Ich brauche eine Hose.	**Diese** ist zu eng.
Passt die Hose?	**Jene** neulich passte besser.
Welche Hose gefällt dir?	**Die** dort!
Ich brauche ein T-Shirt.	**Dieses** ist zu weit.
Passt das T-Shirt?	**Jenes** neulich passte besser.
Welches T-Shirt gefällt dir?	**Das** dort!

Das Demonstrativpronomen kann auch auf einen ganzen Satz hinweisen.
Was, du gehst jetzt in die Stadt?
Ja, das habe ich dir doch gesagt.

Präposition (Verhältniswort)

Präpositionen treten immer zusammen mit einem anderen Wort auf. Sie beschreiben Beziehungen, das heißt, sie drücken aus, in welchem Verhältnis Menschen oder Dinge zueinander stehen.

Wir gehen	**in** den Zirkus.
Wir besuchen die Vorstellung	**um** 15 Uhr.
Wir fahren	**trotz** des Gewitters.
Wir gehen ja nicht	**zu** Fuß.

Einteilung der Präpositionen

Präpositionen sagen mit den anderen Wörtern zusammen etwas über den **Ort,** die **Zeit,** den **Grund** oder die **Art und Weise** aus. Sie beziehen sich oft auf ein Nomen.

Präposition	Fragewort	Beispiel
Ort/Richtung		
auf, in, aus, ab, an, hinter, vor, neben, unter, über, zu, nach …	Wo? Wohin? Woher?	**auf** dem Trapez **in** den Zirkus **aus** der Schule
Zeit		
um, in, ab, bis, seit, während …	Wann?	**ab** Montag **in** drei Wochen
Grund		
trotz, wegen, dank …	Warum? Wozu?	**trotz** des Gewitters **wegen** Krankheit
Art und Weise		
mit, zu, ohne, aus, für, mit …	Wie?	**mit** dem Fahrrad **ohne** Regenschirm

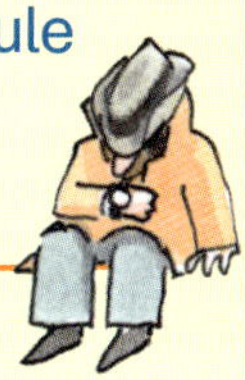

Manche Präpositionen, wie zum Beispiel **in, aus, ab,** können verschieden verwendet werden.
In drei Wochen gehe ich in den Zirkus.

Präposition (Verhältniswort)

Präpositionen verändern ihre Form nie. Sie bestimmen aber den **Fall** der Wörter, die danach folgen.

Präpositionen mit dem 2. Fall (Genitiv),
zum Beispiel: **trotz, wegen, während, dank**

Trotz des Regens ging ich an den Strand.
Wegen des Regens wollte keiner mit.
Während des Regens saß ich im Strandkorb.
Dank des Regens störte mich keiner.

Präpositionen mit dem 3. Fall (Dativ), zum Beispiel:
aus, seit, bei, gegenüber, zu, nach, mit, von

Ich komme **aus der** Türkei. **Seit letztem** Jahr wohnen wir **bei meinem** Opa. **Gegenüber der** Wohnung ist eine Halfpipe. **Zu ihr** gehe ich oft **nach der** Schule. Dort treffe ich mich **mit meinen** Freunden. Ich habe schon viel **von ihnen** gelernt.

Präpositionen mit dem 4. Fall (Akkusativ),
zum Beispiel: **für, durch, um, ohne, gegen**

Ich besorge noch schnell ein Geschenk **für meine** Schwester. **Durch den** Verkehr komme ich **um diese** Zeit am schnellsten mit meinem Rad. Aber nicht **ohne mein** Fahrradschloss. Wo ist es? Ist heute alles **gegen mich?**

Präposition und nachfolgender Fall

Präpositionen, die einen **Ort** oder eine **Lage** bezeichnen, werden mit dem **3. Fall** (Dativ) verwendet. Bezeichnen sie eine **Richtung,** dann folgt der **4. Fall** (Akkusativ).

4. Fall (Akkusativ): Wohin?	**3. Fall** (Dativ): Wo?
Tim klettert **auf den** Turm.	Er steht **auf dem** Turm.
Setz dich **neben mich,** Yuna.	Sie sitzt jetzt **neben mir.**
Ich hänge die Uhr **an die** Wand.	Jetzt hängt sie **an der** Wand.
Ich flitze **hinter den** Baum.	**Hinter dem** Baum findet man mich nie.
Lege das Buch **zwischen die** Hefte.	Das Buch liegt **zwischen den** Heften.
Stelle die Stiefel **vor die** Tür.	Sie stehen schon **vor der** Tür.
Der Ballon fliegt **über den** See.	Ich sehe ihn **über dem** See.
Ich lege die Taschenlampe **unter mein** Bett.	Die Taschenlampe liegt **unter meinem** Bett.

Adverb (Beiwort / Umstandswort)

Ich gehe hinauf in mein Zimmer.

Ich gehe hinunter in mein Zimmer.

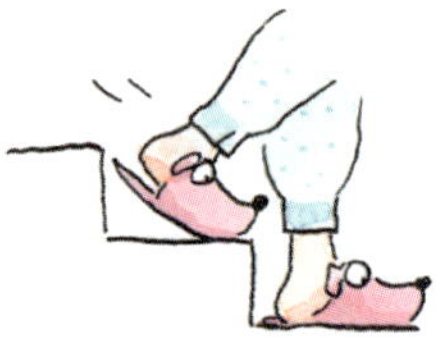

Ich gehe links in mein Zimmer.

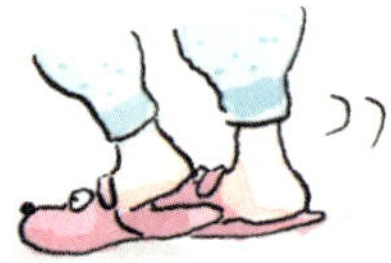

Ich gehe rechts in mein Zimmer.

Ich gehe rückwärts in mein Zimmer.

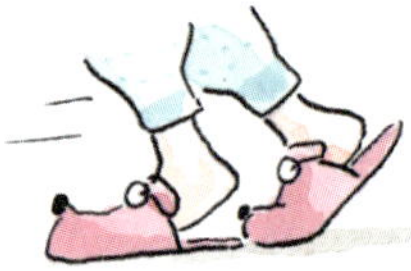

Adverbien liefern im Satz zusätzliche Informationen.

Ich bin müde.	Ich bin **sehr** müde.
Ich gehe ins Bett.	Ich gehe **jetzt** ins Bett.
Ich gehe in mein Zimmer.	Ich gehe **rüber** in mein Zimmer.
Ich lese nicht mehr. Ich mache das Licht aus.	Ich lese nicht mehr. **Also** mache ich das Licht aus.

Einteilung der Adverbien

Adverbien geben den **Ort,** die **Zeit,** den **Grund** und die **Art und Weise** an. Sie stehen oft beim **Verb.**

Die Adverbien des Ortes geben einen Ort an, ein Ziel oder die Herkunft.

Adverb	Fragewort	Beispiel
Ort/Richtung		
herauf, überall,	**Wo?**	**überall** suchen
unten, oben, links,	**Wohin?**	**draußen** spielen
rechts, draußen,	**Woher?**	**links** abbiegen
hinten, hier,		**bergauf** gehen
dort, bergauf,		von **hinten**
nirgends …		anschleichen

Die Adverbien der Zeit geben einen Zeitpunkt, eine Dauer oder eine Wiederholung an.

Adverb	Fragewort	Beispiel
Zeit		
jetzt, abends, oft,	**Wann?**	**morgens**
gerade, morgens,	**Wie lange?**	frühstücken
immer, niemals,	**Wie oft?**	**oft** lachen
damals, endlich,		**niemals** streiten
gestern, heute …		

Adverb (Beiwort / Umstandswort)

Die Adverbien des Grundes geben den Grund oder die Ursache einer Handlung oder eines Geschehens an.

Adverb	Fragewort	Beispiel
Grund daher, darum, deshalb, deswegen, sonst, also …	**Warum?** **Weshalb?** **Wieso?**	**deswegen** demonstrieren **darum** üben **deshalb** feiern **sonst** verdursten

Die Adverbien der Art und Weise geben die Art und Weise an, wie etwas geschieht oder vorkommt.

Adverb	Fragewort	Beispiel
Art und Weise sehr, kopflos, gern, genauso, haufenweise, nebenbei, bestimmt …	**Wie?** **Auf welche Weise?**	**gern** singen **bestimmt** gewinnen **nebenbei** lesen **haufenweise** vorkommen **kopflos** herumrennen

Einteilung der Adverbien

Adverbien verändern ihre Form nicht.

Ich habe **gerade** in der Küche Ameisen entdeckt.
Sie krabbeln **überall herum.**
Sie kommen **bestimmt** von **draußen.**
Ich untersuche **deshalb** den Blumenkasten.
Dort haben sie sich **haufenweise** eingenistet.

Einige wenige **Adverbien** kann man steigern, obwohl sie eigentlich unveränderbar sind.

Ich kicke **gern** auf dem Bolzplatz. **Lieber** gehe ich zum Training. **Am liebsten** gehe ich ins Fußballstadion.

Ich maile **oft** meiner Freundin. **Häufiger** simse ich. **Am häufigsten** chatte ich.

Ich lese **viel** in der Schule. **Mehr** lese ich am Wochenende. **Am meisten** lese ich in den Ferien.

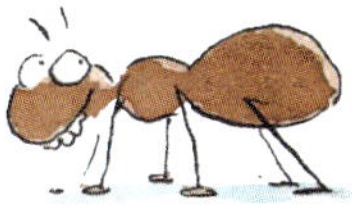

Adjektiv und Adverb kann man leicht verwechseln. Adjektive beziehen sich aber immer auf ein Nomen.
Kopflose Menschen können, wenn es brenzlig wird, kopflos herumrennen.

Numerale (Zahlwort)

Numeralien geben die Zahl oder die Menge an, in der etwas vorkommt oder gemacht wird. **Zahlwörter** werden in verschiedenen **Wortarten** verwendet.

Zahlnomen	Die **Fünf** ist meine Lieblingszahl.
Zahladjektiv	Ich habe **fünf** Wünsche.
Zahladverb	Das habe ich jetzt schon **zehnmal** gesagt: „Es gibt **erstens** keinen Hund und **zweitens** auch keinen Hasen.“

Bestimmtes und unbestimmtes Zahlwort

Es gibt **bestimmte** und **unbestimmte Zahlwörter.**
Die bestimmten Zahlwörter geben die genaue Zahl an.
Die unbestimmten Zahlwörter bezeichnen eine nicht genaue, unbestimmte Menge.

Bestimmte Zahlwörter	
Kardinalzahlen (Grundzahlen)	null, eins, zwei, tausend …
Ordinalzahlen (Ordnungszahlen) Zahl + -te oder -ste	der Zwei**te,** der Elf**te,** der Hundert**ste** …
Bruchzahlen Zahl + -tel	ein Vier**tel,** drei Vier**tel** …
Vervielfältigungszahlen Zahl + -fach	zwei**fach,** drei**fach** …
Wiederholungszahlen Zahl + -mal	zwei**mal,** tausend**mal** …
Einteilungszahlen je + Zahl	**je** zwei, **je** sechs …

Unbestimmte Zahlwörter

wenig, einige, viele, andere, ganz, ein paar, mehr, zahllos, zahlreich

Aufbau von Wörtern

In jeder Sprache entstehen ständig neue Wörter. Sie werden aus bestehenden Wörtern und Wortbausteinen gebildet. Möglichkeiten der Wortbildung sind:

Zusammensetzung	das Spiel + das Feld = das Spielfeld
Ableitung	spielen → bespielen
Wortkürzung	der Schiedsrichter → der Schiri

Wortfamilie

Eine **Wortfamilie** besteht aus Wörtern verschiedener Wortarten, die sprachlich miteinander verwandt sind. Sie haben alle den gleichen **Wortstamm.** In einer Wortfamilie gibt es zusammengesetzte Wörter und Wörter, die vom gemeinsamen Wortstamm abgeleitet werden.

Spiel

be**spiel**en der **Spiel**gefährte **spiel**en
der **Spiel**er die **Spiel**erin die **Spiel**erei
das Heim**spiel** das Ball**spiel**
das Kinder**spiel** an**spiel**en **spiel**end
die **Spiel**straße **spiel**berechtigt vor**spiel**en
das **Spiel** die **Spiel**regel das **Spiel**brett
das **Spiel**feld **spiel**erisch
ver**spiel**en das **Spiel**zeug
ab**spiel**en ver**spiel**t

Aufbau von Wörtern

Bei **Zusammensetzungen** werden zwei oder mehrere selbstständige Wörter miteinander verbunden. Es können Wörter der gleichen Wortart sowie Wörter verschiedener Wortarten miteinander kombiniert werden.

hinter **Präposition**	+	der Hof **Nomen**	=	der Hinterhof
hoch **Adjektiv**	+	das Haus **Nomen**	=	das Hochhaus
nieseln **Verb**	+	der Regen **Nomen**	=	der Nieselregen
bitter **Adjektiv**	+	kalt **Adjektiv**	=	bitterkalt
der Regen **Nomen**	+	der Bogen **Nomen**	=	der Regenbogen
das Wunder **Nomen**	+	schön **Adjektiv**	=	wunderschön
weiter **Adverb**	+	spielen **Verb**	=	weiterspielen

Zusammensetzung

In zusammengesetzten Wörtern wird das letzte Wort als **Grundwort** bezeichnet. Es bestimmt die Wortart.

gegen Präposition	+	das **Tor** Nomen	=	das Gegen**tor** Nomen
zurück Adverb	+	**spielen** Verb	=	zurück**spielen** Verb
das Haus Nomen	+	**hoch** Adjektiv	=	haus**hoch** Adjektiv

Bei Nomen bestimmt das Grundwort auch Geschlecht und Singular und Plural des zusammengesetzten Wortes.

der Fuß + **der** Ball + **der Spieler** = **der** Fußballspieler

der Fuß + **der** Ball + **die Spielerin** = **die** Fußballspielerin

der Fuß + **der** Ball + **das Feld** = **das** Fußballfeld

der Fuß + **der** Ball + **die Spieler** = **die** Fußballspieler

Das erste Wort erklärt und bestimmt das Grundwort näher. Es wird **Bestimmungswort** genannt.

Gegentor	ein Tor der **gegnerischen** Mannschaft
zurückspielen	den Ball **zurück** zum Torwart spielen
haushoch	so hoch wie ein **Haus**

Aufbau von Wörtern

Bei **Zusammensetzungen** werden Bestimmungswort und Grundwort oft nur aneinandergereiht. Manchmal müssen dafür Buchstaben eingefügt werden.

der Ball + das Training	=	das Balltraining
das Training + das Lager	=	das Training **s** lager

Bildet ein **Nomen** den ersten Teil einer Zusammensetzung, werden oft die Buchstaben **-e-, -n-, -en-, -es-, -s-, -ens-, -er-** eingefügt. Diese nennt man **Fugenzeichen.**

der Hund + der Korb	=	der Hund	**e**	korb
die Sonne + der Schein	=	der Sonne	**n**	schein
der Bär + der Hunger	=	der Bär	**en**	hunger
der Tag + das Licht	=	das Tag	**es**	licht
der Monat + die Karte	=	die Monat	**s**	karte
das Herz + der Wunsch	=	der Herz	**ens**	wunsch
das Kind + der Garten	=	der Kind	**er**	garten

der Hund + müde	=	hund	**e**	müde
die Sonne + klar	=	sonne	**n**	klar
der Bär + stark	=	bär	**en**	stark
das Land + weit	=	land	**es**	weit
der Tag + über	=	tag	**s**	über
das Herz + gut	=	herz	**ens**	gut
das Kind + leicht	=	kind	**er**	leicht

Bei der Zusammensetzung von Wörtern können aber auch Buchstaben wegfallen. Bildet zum Beispiel ein **Verb** den ersten Teil einer Zusammensetzung, fällt die **Endung** der Grundform **-en** oder **-n** weg.

fahr(en)	+	die Bahn	=	die Fahrbahn
bügel(n)	+	das Eisen	=	das Bügeleisen
plapper(n)	+	das Maul	=	das Plappermaul
pürier(en)	+	der Stab	=	der Pürierstab
fahr(en)	+	bereit	=	fahrbereit
bügel(n)	+	frei	=	bügelfrei

Aufbau von Wörtern

Wörter werden auch durch **Ableitungen** gebildet.
Im Mittelpunkt steht dabei der **Wortstamm.**
Von ihm aus können mit unterschiedlichen Methoden neue Wörter abgeleitet werden.

Es wird ein **Präfix** angefügt. Präfixe sind vorangestellte Wortbausteine, die nicht alleine stehen können.

bequem → **un**bequem reißen → **zer**reißen

Es wird ein **Suffix** angefügt. Suffixe sind nachgestellte Wortbausteine, die nicht alleine stehen können.

klein → klein**lich** Kleid → Kleid**chen**

Der **Wortstamm** des Worts wird verändert. Dabei ändert sich häufig die Wortart.

fliegen → (der) Fl**u**g reiten → (der) R**i**tt

Das Wort wird äußerlich nicht verändert. Es wechselt nur die Wortart.

schreiben → (das) **S**chreiben schwarz → (das) **S**chwarz

Die unterschiedlichen Methoden werden bei der Wortbildung vielfach gemischt.

er	–	find	–	er	–	isch
Präfix		Wortstamm		Suffix		Suffix

Ableitung

Ableitung mithilfe von Präfixen

Präfix	Verben
er-	**er**fassen, **er**leben, **er**arbeiten
ver-	**ver**schreiben, **ver**rechnen, **ver**schütten
zer-	**zer**legen, **zer**reißen, **zer**brechen
ent-	**ent**führen, **ent**reißen, **ent**täuschen
miss-	**miss**achten, **miss**trauen, **miss**handeln
be-	**be**stellen, **be**steigen, **be**rechnen
ge-	**ge**hören, **ge**stehen, **ge**fallen

Präfix	Nomen
Un-	**Un**ordnung, **Un**ruhe, **Un**geduld
Ur-	**Ur**wald, **Ur**oma, **Ur**sache
Miss-	**Miss**erfolg, **Miss**geschick, **Miss**verständnis

Präfix	Adjektive
un-	**un**geduldig, **un**schön, **un**gemütlich
ur-	**ur**alt, **ur**komisch, **ur**gemütlich
hyper-	**hyper**modern, **hyper**genau, **hyper**nervös

Aufbau von Wörtern

Ableitung mithilfe von Suffixen

Suffix	Nomen → Nomen
-chen	Kleid**chen**, Bild**chen**, Bein**chen**
-lein	Kirch**lein**, Häus**lein**, Brief**lein**
-in	Freund**in**, Partner**in**, Nachbar**in**
-er	Mannheim**er**, Berlin**er**, Heidelberg**er**
-ei	Metzger**ei**, Schreiner**ei**, Gärtner**ei**
-schaft	Land**schaft**, Freund**schaft**, Partner**schaft**

Suffix	Verben → Nomen
-ung	Mitteil**ung**, Rechn**ung**, Heiz**ung**
-er	Mal**er**, Fahr**er**, Erfind**er**
-ei	Grübel**ei**, Hampel**ei**, Mecker**ei**
-schaft	Bürg**schaft**, Lieb**schaft**, Erb**schaft**

Suffix	Adjektiv → Nomen
-heit	Schön**heit**, Dunkel**heit**, Gesund**heit**
-keit	Heiter**keit**, Fröhlich**keit**, Tapfer**keit**
-e	Tief**e**, Breit**e**, Still**e**
-tum	Eigen**tum**, Reich**tum**, Heilig**tum**

Suffix	Adjektiv → Adjektiv
-lich	klein**lich**, süß**lich**, gelb**lich**

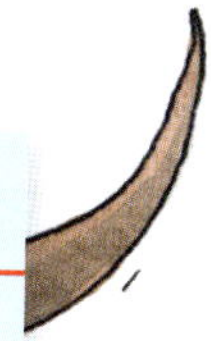

Suffix	Verb → Adjektiv
-bar	brauch**bar**, dreh**bar**, liefer**bar**
-lich	empfind**lich**, bedroh**lich**, beweg**lich**
-sam	spar**sam**, wach**sam**, bieg**sam**
-isch	mürr**isch**, neck**isch**, stürm**isch**

Suffix	Nomen → Adjektiv
-lich	freund**lich**, glück**lich**, mensch**lich**
-isch	neid**isch**, maler**isch**, herr**isch**
-ig	lust**ig**, geiz**ig**, blut**ig**
-los	neid**los**, zahn**los**, erfolg**los**

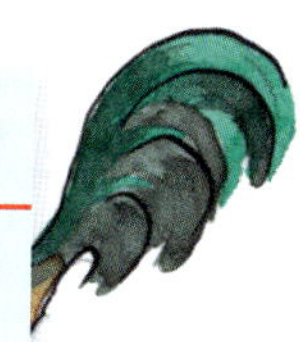

Aufbau von Wörtern

Ableitung durch Veränderung des Vokals (Selbstlauts) im Wortstamm

Vokal	Veränderung
-e-	spr**e**chen, der Spr**u**ch, die Spr**a**che, gespr**ä**chig
-ei-	schr**ei**ten, der Schr**i**tt
-ie-	gen**ie**ßen, der Gen**u**ss, gen**ü**sslich
-a-	gr**a**ben, der Gr**ä**ber, die Gr**u**be
-u-	der St**u**rm, st**ü**rmen
-o-	l**o**ben, l**ö**blich
-au-	der Tr**au**m, tr**äu**men

Ableitung durch Wortartwechsel

Verb → Nomen

rufen → der **Ruf**
stoßen → der **Stoß**
fallen → der **Fall**
knallen → der **Knall**

Adjektiv → Verb

welk → **welk**en
gesund → **gesund**en
sicher → **sicher**n
locker → **locker**n

Nomen → Verb

der **Test** → **test**en
die **Rast** → **rast**en
der **Bagger** → **bagger**n
der **Hunger** → **hunger**n

Wortkürzung

Zur Wortbildung gehören auch **Wortkürzungen.**
Bei Wortkürzungen können stehen bleiben:

einzelne Buchstaben eines Wortes oder einer Wortgruppe

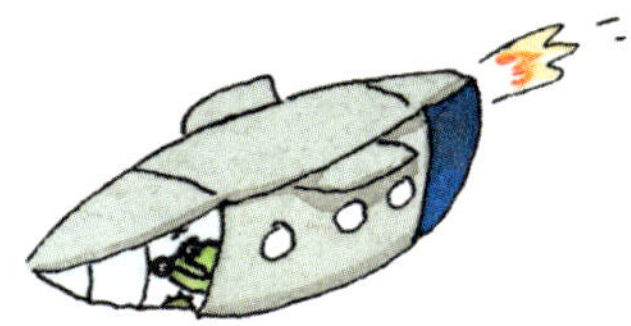

ZDF	**Z**weites **D**eutsches **F**ernsehen
UFO	**u**nbekanntes **F**lug**o**bjekt
SpVgg.	**Sp**iel**v**ereini**g**un**g**

Silben aus einem Wort oder aus einer Wortgruppe

Kita	**Ki**nder**ta**gesstätte
Schiri	**Schi**eds**ri**chter
Kripo	**Kri**minal**po**lizei

ein zusammenhängender Teil eines Wortes

Mathe	**Mathe**matik
Limo	**Limo**nade
Tacho	**Tacho**meter

Es gibt auch Mischformen aus Buchstaben und Wortteilen.

O-Saft	**O**rangen**saft**
U-Bahn	**U**ntergrund**bahn**
S-Bahn	**S**chnell**bahn**

Satzglieder

Ein **Satz** besteht aus einzelnen Wörtern. Damit man einen Satz versteht, muss er nach bestimmten Regeln zusammengebaut werden. Die Bausteine dafür nennt man **Satzglieder.** Ein Satzglied kann ein einzelnes Wort oder eine Gruppe von Wörtern sein.

Satzglieder

Das Eichhörnchen | sammelt | im Herbst | viele Nüsse .

Umstellprobe

Satzglieder nennt man die Wörter und Wortgruppen, die man umstellen oder verschieben kann, ohne dass sich der Sinn des Satzes verändert. Mit der **Umstellprobe** kann man in einem Satz die Satzglieder herausfinden.

Das Eichhörnchen | sammelt | im Herbst | viele Nüsse .

Im Herbst | sammelt | das Eichhörnchen | viele Nüsse .

Viele Nüsse | sammelt | das Eichhörnchen | im Herbst .

Das Eichhörnchen | sammelt | viele Nüsse | im Herbst .

Viele Nüsse | sammelt | im Herbst | das Eichhörnchen .

Satzglieder

Das **Prädikat** ist der wichtigste Teil eines Satzes.
Mit ihm fragt man nach den einzelnen Satzgliedern.

Manche Prädikate verlangen nur eine Wer-Ergänzung, ein **Subjekt** (Satzgegenstand). Andere haben weitere Ergänzungen.

Mario schreibt .

Mario schreibt seinem Opa .

Mario schreibt seinem Opa einen Krimi .

Prädikat (Satzaussage)

Das **Prädikat** wird immer mit einem Verb gebildet.
Es kann eine Handlung, einen Vorgang oder einen Zustand ausdrücken. Das Prädikat gibt Antworten auf die Fragen:

Was tut jemand?

Mario / Er — liest / schreibt / zeichnet / malt / tippt — .

Was geschieht?

Es — klirrt / knackt / scheppert / knistert / knarrt — .

Das Prädikat stimmt in Person und **Singular** und **Plural** mit dem **Subjekt** überein.

Mario und sein Hund / Sie / Wir — jagen / verfolgen / überwältigen / fangen / stellen — den Dieb.

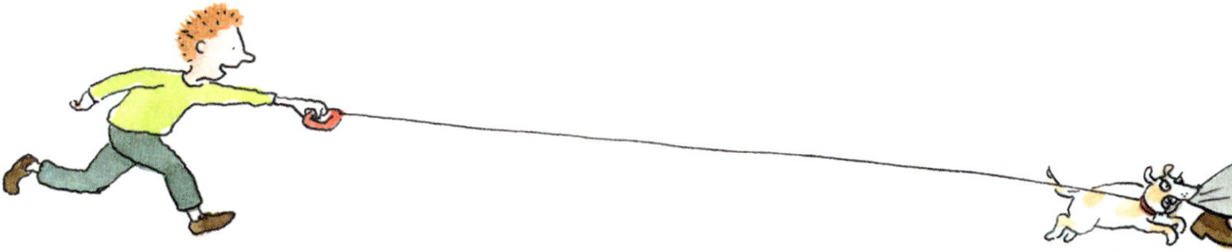

Satzglieder

Das **Prädikat** steht im Aussagesatz immer an der zweiten Stelle, unabhängig von der Länge des Satzes.

Zoe sucht.

Zoe sucht ihre Katze.

Zoe sucht ihre Katze unterm Bett.

Zoe sucht ihre Katze unterm Bett in ihrem Zimmer.

Auch wenn man Satzglieder umstellt oder verschiebt, bleibt das Prädikat immer an der zweiten Stelle stehen.

Zoe | sucht | ihre Katze | unterm Bett | in ihrem Zimmer.

Ihre Katze | sucht | Zoe | unterm Bett | in ihrem Zimmer.

Unterm Bett | sucht | Zoe | in ihrem Zimmer | ihre Katze.

In ihrem Zimmer | sucht | Zoe | ihre Katze | unterm Bett.

Prädikat (Satzaussage)

Das **Prädikat** kann aus einem einzigen Wort bestehen.

Die Katze **liegt** unter dem Bett.

Das Prädikat kann auch aus mehreren Teilen bestehen.
Dann bleibt der eine Teil an der zweiten Stelle stehen.
Der andere Teil rutscht an das Satzende.
Man spricht dann von einer **Satzklammer.**

Es gibt sechs Modalverben: müssen, dürfen, können, mögen, sollen, wollen.

Das **mehrteilige Prädikat** wird verwendet:

im Perfekt

Die Katze **hat** unter dem Bett **gelegen**.

im Futur

Zoe **wird** sicher ihre Katze **wiederfinden**.

im Passiv

Die Katze **wird** von Zoe **gesucht**.

bei Modalverben

Zoe **muss** ihre Katze unbedingt **finden**.

bei trennbaren Verben

Zoe **zieht** ihre Katze unter dem Bett **hervor**.

Satzglieder

Das **Subjekt** ist ein Satzglied. Es kann zusammen mit dem Prädikat einen vollständigen Satz bilden. Nach dem Subjekt fragt man mit **wer** oder **was.**

Der Astronaut trainiert.

Wer trainiert?
→ **der Astronaut**

Der Satellit kreist.

Was kreist?
→ **der Satellit**

Subjekt (Satzgegenstand)

Ein **Subjekt** kann aus verschiedenen Wörtern oder einer Wortgruppe bestehen.

Nomen mit Artikel	**Die Erde** gehört zu den Planeten.
Nomen ohne Artikel	**Planeten** sind verschieden groß.
Nomen mit Artikel und Adjektiv	**Der kleine Pluto** gehört nicht mehr zu den Planeten.
Pronomen	**Er** gehört zu den Zwergplaneten.
Aufzählung von Nomen	**Makemake, Ceres und Eris** sind auch Zwergplaneten.
Zahlwort	**Alle** kreisen um die Sonne.

Das Subjekt steht im **1. Fall** (Nominativ). Je nach Bedeutung und Betonung steht es an verschiedenen Stellen.

Der kleine Pluto gehört nicht mehr zu den Planeten.

Zu den Planeten gehört der kleine Pluto nicht mehr.

Zu den Planeten gehört nicht mehr der kleine Pluto .

Satzglieder

Oft reichen Subjekt und Prädikat für einen sinnvollen Satz nicht aus. Dann brauchen sie eine Ergänzung. Erst dann wirkt der Satz vollständig. Diese Ergänzungen nennt man **Objekte.**

Nic hat eine Idee.

Nic kauft Material.

Nic sucht eine Säge.

Das **Prädikat** bestimmt, ob, welche und wie viele Objekte notwendig sind, damit ein vollständiger Satz entsteht. Denn manche Verben verlangen:

kein Objekt

Nic bastelt.

nur ein Objekt

Er braucht eine Säge.

ein zweites Objekt

Lisa leiht ihrem Freund eine Säge.

Verben, die kein Objekt brauchen, sind zum Beispiel: bellen, schlafen, laufen, blühen, leuchten, brennen, telefonieren, weinen, lesen, regnen.

Objekte (Satzergänzungen)

Das **Objekt** ist ein Satzglied. Es ergänzt das Subjekt und das Prädikat und gibt weitere Auskünfte.
Zu einem Satz können ein oder mehrere Objekte gehören.

Nic bastelt.

Nic bastelt ein Häuschen .

Nic bastelt seinem Meerschweinchen ein Häuschen .

Es gibt verschiedene Arten von Objekten. Je nach Verb stehen sie im **2. Fall** (Genitiv), im **3. Fall** (Dativ) oder im **4. Fall** (Akkusativ). Man fragt nach ihnen mit:

Wen?
Was?

Nic leiht sich eine Säge .

Was leiht sich Nic? → **eine Säge**

Er fragt seine Freundin Lisa .

Wen fragt er? → **seine Freundin Lisa**

Wem?

Lisa leiht ihrem Freund die Säge.

Wem leiht Lisa die Säge? → **ihrem Freund**

Wessen?

Nic bedarf Lisas Hilfe .

Wessen bedarf Nic? → **Lisas Hilfe**

Satzglieder

Das **Akkusativobjekt** wird in unserer Sprache häufig verwendet. Nach ihm fragt man mit **wen** oder **was.**

Ich kaufe eine bunte Brezel .

Was kaufe ich? → **eine bunte Brezel**

Ich kenne den Brezelbäcker .

Wen kenne ich? → **den Brezelbäcker**

Das Akkusativobjekt kann, je nachdem was man betonen will, an verschiedenen Stellen im Satz stehen:

Brave Bäcker backen billig bunte Brezeln .

Bunte Brezeln backen brave Bäcker billig.

Brave Bäcker backen bunte Brezeln billig.

Verben, die ein Akkusativobjekt verlangen, sind zum Beispiel: kaufen, treffen, besuchen, holen, mieten, loben.

Akkusativobjekt (Satzergänzung im 4. Fall)

Ein **Akkusativobjekt** kann aus verschiedenen Wörtern oder einer Wortgruppe bestehen.

Nomen mit Artikel	Lisa holt **ein Backbuch.**
Nomen ohne Artikel	Nic holt **Backformen.**
Nomen mit Artikel und Adjektiv	Sie finden **ein leckeres Rezept.**
Pronomen	Lisa liest **es** vor.
Aufzählung von Nomen	Nic mixt **Eier, Butter und Milch.**
Zahlwort	Er hat **etwas** vergessen.

Verben, auf die ein Akkusativobjekt mit einer Präposition folgt, sind zum Beispiel: achten auf, sich freuen über, sich freuen auf, hoffen auf, sich kümmern um, denken an.

Satzglieder

Das **Dativobjekt** bezeichnet hauptsächlich Personen.
Nach ihm fragt man mit **wem.**

Die Feuerwehr hilft Menschen und Tieren .

Wem hilft die Feuerwehr? → **Menschen und Tieren**

Das Dativobjekt kann, je nachdem was man betonen will, an verschiedenen Stellen im Satz stehen:

Die Feuerwehr hilft jederzeit einem hilflosen Tier .

Einem hilflosen Tier hilft die Feuerwehr jederzeit.

Die Feuerwehr hilft einem hilflosen Tier jederzeit.

Verben, die ein Dativobjekt verlangen, sind zum Beispiel: antworten, helfen, gratulieren, schaden, schmecken, verzeihen, gehören, nützen, danken.

Dativobjekt (Satzergänzung im 3. Fall)

Ein **Dativobjekt** kann aus verschiedenen Wörtern oder einer Wortgruppe bestehen.

Nomen mit Artikel	Die Feuerwehr folgt **einem Hinweis.**
Nomen ohne Artikel	**Hinweisen** wird grundsätzlich vertraut.
Nomen mit Artikel und Adjektiv	Der Einsatz gilt **einem jungen Fuchs.** Er schwimmt im Wasser.
Pronomen	Die Feuerwehrmänner wollen **ihm** helfen.
Aufzählung von Nomen	**Der Feuerwehr und den Anwohnern** gelingt die Bergung nicht.
Zahlwort	Der junge Fuchs entwischt **allen.**

Verben, auf die ein Dativobjekt mit einer Präposition folgt, sind zum Beispiel: sich freuen mit, fragen nach, sich fürchten vor.

Satzglieder

Das **Genitivobjekt** wird in unserer Sprache nur noch selten benutzt. Nach ihm fragt man mit **wessen.**

Meine Oma erinnert sich ihrer Schulzeit .

Wessen erinnert sich meine Oma? → **ihrer Schulzeit**

Das Genitivobjekt kann, je nachdem was man betonen will, an verschiedenen Stellen im Satz stehen:

Mein Opa gedenkt gerne seiner ersten Liebe .

Gerne gedenkt mein Opa seiner ersten Liebe .

Seiner ersten Liebe gedenkt mein Opa gerne.

Es gibt nur wenige Verben, die ein Genitivobjekt verlangen, zum Beispiel: gedenken, bedürfen, sich erinnern, sich annehmen, sich enthalten, sich erbarmen, sich rühmen.

Genitivobjekt (Satzergänzung im 2. Fall)

Das **Genitivobjekt** wird oft durch eine andere Satzbildung ersetzt, weil es altmodisch klingt.

Oma und Opa **erinnern sich ihrer Jugendzeit.**

Oma und Opa **erinnern sich an ihre Jugendzeit.**

Opa **gedenkt seiner ersten Liebe.**

Opa **denkt an seine erste Liebe.**

Oma **rühmt sich ihrer großen Taten.**

Oma **stellt ihre großen Taten besonders heraus.**

Beide **bedürfen unserer Unterhaltung nicht.**

Beide **brauchen unsere Unterhaltung nicht.**

Der **2. Fall** (Genitiv) wird aber häufig verwendet, wenn es sich um Besitz oder Zugehörigkeit handelt. Dann bezieht sich das Fragewort **wessen** nicht auf ein Verb, sondern auf ein Nomen.

Die große Liebe **meines Opas** ist Oma.

Wessen große Liebe ist Oma? → die **meines Opas**

Satzglieder

Die **adverbiale Bestimmung** ist ein Satzglied. Sie ergänzt einen Satz mit Angaben über **Ort, Zeit, Grund** und über **Art und Weise** des Geschehens. Nach ihr fragt man mit bestimmten Fragewörtern.

		Wo?	auf dem Sofa .
		Wann?	abends .
Arzu	liest		
		Warum?	wegen des Lesewettbewerbs .
		Wie?	freiwillig .

Adverbiale Bestimmung (Umstandsbestimmung)

Die **adverbiale Bestimmung** kann, je nachdem was man besonders hervorheben will, an verschiedenen Stellen im Satz stehen:

Auf dem Sofa liest Arzu ein Buch.

Arzu liest auf dem Sofa ein Buch.

Arzu liest ein Buch auf dem Sofa .

Als adverbiale Bestimmung können verschiedene Wortarten vorkommen:

Adverb	Wir fahren **morgen** in die Ferien.
Adjektiv	Ich packe noch **schnell** meine Sachen.
Zahladjektiv mit Nomen	Ich brauche dazu **zehn Minuten.**
Präposition mit Nomen	**Im Koffer** ist aber kein Platz mehr. Alles voll mit Arzus Büchern!

Satzglieder

Die **adverbiale Bestimmung des Ortes** gibt Ort, Herkunft, Richtung oder eine Strecke an.
Nach ihr fragt man mit **wo, woher, wohin, wie weit.**

Das Flugzeug steht auf dem Rollfeld.

Wo steht das Flugzeug? → **auf dem Rollfeld**

Das Flugzeug kam aus Paris.

Woher kam das Flugzeug? → **aus Paris**

Das Flugzeug fliegt nach Südafrika.

Wohin fliegt das Flugzeug? → **nach Südafrika**

Das Flugzeug fliegt bis Kapstadt.

Wie weit fliegt das Flugzeug? → **bis Kapstadt**

Die adverbiale Bestimmung des Ortes wird häufig von Präpositionen eingeleitet, wie zum Beispiel: auf, aus, nach, bis, in, über.

Adverbiale Bestimmung (Umstandsbestimmung)

Die **adverbiale Bestimmung der Zeit** gibt Zeitpunkt, Wiederholung oder Dauer eines Geschehens an.
Nach ihr fragt man mit **seit wann, wann, wie oft, wie lange.**

Familie Sturm sitzt seit 14 Uhr am Flughafen.

Seit wann sitzt Familie Sturm am Flughafen? → **seit 14 Uhr**

Sie fliegen um 16 Uhr .

Wann fliegen sie? → **um 16 Uhr**

Sie fliegen jedes Jahr .

Wie oft fliegen sie? → **jedes Jahr**

Ihr Flug dauert zwölf Stunden .

Wie lange dauert ihr Flug? → **zwölf Stunden**

> Die adverbiale Bestimmung der Zeit wird häufig von Präpositionen eingeleitet, wie zum Beispiel: um, seit, nach, vor, bis, während.

Satzglieder

Die **adverbiale Bestimmung des Grundes** gibt Grund oder Ursache eines Geschehens an. Nach ihr fragt man mit **warum, weshalb, aus welchem Grund.**

Wegen des Unwetters startet das Flugzeug nicht.

Warum startet das Flugzeug nicht? → **wegen des Unwetters**

Aus Sicherheitsgründen bleibt es am Boden.

Weshalb bleibt es am Boden? → **aus Sicherheitsgründen**

Alle Starts verzögern sich aufgrund des Startverbots.

Aus welchem Grund verzögern sie sich? → **aufgrund des Startverbots**

Die adverbiale Bestimmung des Grundes wird häufig von Präpositionen eingeleitet, wie zum Beispiel: wegen, aus, aufgrund, von.

Adverbiale Bestimmung (Umstandsbestimmung)

Die **adverbiale Bestimmung der Art und Weise** gibt an, wie etwas ist, wie etwas geschieht oder woraus etwas besteht. Nach ihr fragt man mit **wie, auf welche Weise, woraus.**

Geduldig sitzen die Fluggäste im Warteraum.

Wie sitzen die Fluggäste im Warteraum? → **geduldig**

Die Kinder vertreiben sich die Zeit mit Spielen.

Auf welche Weise vertreiben sich die Kinder die Zeit? → **mit Spielen**

Sie falten Flugzeuge aus Papier.

Woraus falten sie Flugzeuge? → **aus Papier**

Die adverbiale Bestimmung der Art und Weise wird häufig von Präpositionen eingeleitet, wie zum Beispiel: mit, aus, durch, unter, um.

Satzarten

Es gibt vier **Satzarten.** Sie sind unterschiedlich aufgebaut und haben verschiedene **Satzschlusszeichen.**
Mit ihnen kann man verschiedene Absichten ausdrücken, zum Beispiel **erzählen, mitteilen, fragen, bitten, auffordern** oder **rufen.**

Aussagesatz	Ich mache das Frühstück.
Fragesatz	Wer möchte ein Ei?
Aufforderungssatz	Koch uns allen ein Ei.
Ausrufesatz	Lecker!

Aussagesatz

Mit dem **Aussagesatz** wird etwas ausgesagt, mitgeteilt oder festgestellt. Er wird in unserer Sprache am häufigsten verwendet. Der Aussagesatz endet mit einem Punkt.

Leo **kocht** gerne weiche Eier**.**

Gestern **ging** etwas schief**.**

Eierkocher **funktionieren** eben nur mit Strom**.**

Im Aussagesatz steht die konjugierte Verbform an zweiter Stelle im Satz.

Sonntags **frühstücken** wir gemeinsam.

Alle **sitzen** um den Tisch.

Manchmal **verschläft** Mama.

Am Ende eines Aussagesatzes senkt sich die Stimme.

Alle sitzen um den Tisch.

Satzarten

Mit dem **Fragesatz** kann man etwas erfragen, was man noch nicht weiß. Der Fragesatz endet mit einem Fragezeichen.

Wo ist Mama? Sie schläft noch.

Weckst du sie? Ja, natürlich.

Mit dem Fragesatz kann man **Entscheidungsfragen** stellen. Auf diese antwortet man mit **ja, nein, nie** – will man sich nicht festlegen, antwortet man mit **vielleicht** oder **mal sehen.**

Die konjugierte Verbform steht bei Entscheidungsfragen meistens an erster Stelle.

Magst	du Cornflakes?	Ja.
Reichst	du mir das Salz?	Ja, gerne.
Möchtest	du ein Stück Gurke?	Nein, danke.
Trinkst	du zum Frühstück Kaffee?	Nie!
Spielt	ihr nach dem Frühstück?	Mal sehen.

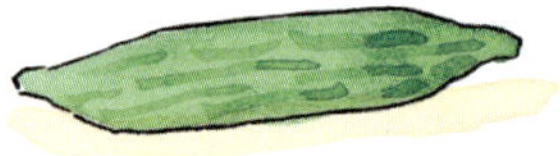

Fragesatz

Mit dem **Fragesatz** kann man auch **Ergänzungsfragen** stellen. Sie werden durch Fragewörter eingeleitet. Auf diese kann man mit einem Wort, mit mehreren Wörtern oder mit einem Satz antworten.

Die konjugierte Verbform steht bei Ergänzungsfragen meistens direkt hinter dem Fragewort.

Wer will eine Portion Cornflakes? Leo will eine.

Was gibt es zu trinken? Orangensaft und Milch.

Wem gehört dieses Glas? Mir.

Wo steckt eigentlich Mama? Sie kommt gleich.

Am Ende eines Fragesatzes hebt sich die Stimme.

Wo ist Mama?

Satzarten

Die **Fragewörter** **wer** oder **was** stehen im Fragesatz als **Stellvertreter** eines Nomens. **Wer** steht für eine Person, **was** steht für eine Sache. Sie gehören zu den Pronomen und werden **dekliniert** (gebeugt).

1. Fall (Nominativ)	**Was** steht denn da? **Wer** war der Täter?
2. Fall (Genitiv)	**Wessen** Idee war das bloß?
3. Fall (Dativ)	**Wem** fällt so etwas nur ein?
4. Fall (Akkusativ)	**Wen** verhaften wir jetzt? **Was** brauchen wir dafür?

Die Fragewörter **welcher, welche, welches** werden auch dekliniert. Sie kommen als **Begleiter** oder als **Stellvertreter** eines Nomens vor. Als Stellvertreter ersetzen sie ein Nomen, das bereits genannt wurde.

als Begleiter	als Stellvertreter
Welches Glas öffnen wir zuerst?	**Welches** ist am wenigsten verklebt?
Welche Schere nehmen wir?	**Welche** ist dafür die beste?
Welcher Spezialist traut sich das zu?	**Welcher** ist dafür geeignet?

Fragesatz

Die **Fragewörter,** mit denen man nach **Ort, Zeit,** einem **Grund** oder nach der **Art und Weise** fragt, verändern ihre Form nicht.

Frage nach ...	Fragewort	Beispiel
Ort/ Richtung/ Herkunft	Wo? Wohin? Woher? Wie weit?	Wo frühstücken wir?
Zeit/Dauer/ Wiederholung	Wann? Wie oft? Wie lange?	Wann frühstücken wir?
Grund/ Zweck	Warum? Weshalb? Wieso? Wodurch? Wozu?	Warum frühstücken wir nicht früher?
Art und Weise	Wie? Wie viel? Wie sehr? Woraus? Womit?	Wie frühstücken wir?

Häufig steht vor Fragewörtern noch eine Präposition, zum Beispiel: Seit wann? Bis wann? Um wie viel? Für wie lange?

Mit dem **Aufforderungssatz** spricht man Personen direkt an. Mit ihm kann man Befehle, Aufforderungen oder Wünsche ausdrücken. Er endet mit einem Punkt. Mit einem Ausrufezeichen endet er, wenn man etwas sehr bestimmt ausdrücken will.

Schau mal in den Briefkasten**.**
Hol jetzt sofort die Sonntagszeitung**!**

Bei fast allen Aufforderungssätzen steht das **Verb** in der **Befehlsform.** Dann steht es am Anfang des Satzes.

Gib mir den Sportteil!

Nimm du den Hauptteil.

Häng die Zeitung nicht in die Butter!

Pass auf!

Seid endlich still!

Lasst uns jetzt in Ruhe Zeitung lesen.

Aufforderungssatz und Ausrufesatz

Bei Aufforderungen, mit denen Personen nicht direkt angesprochen werden, steht das Verb am Ende des **Aufforderungssatzes** im **Infinitiv** (Grundform).

Alle mal **herhören** !

Bei Rot **anhalten** !

Beim Linksabbiegen **aufpassen** !

Mit einem **Ausrufesatz** drückt man Verwunderung und Bewunderung aus. Der Ausrufesatz endet immer mit einem Ausrufezeichen. Verstärkt wird ein Ausrufesatz mit kleinen Wörtern wie zum Beispiel **vielleicht, aber, so, ja.** So kann jede Satzart zum Ausrufesatz werden.

Das ist **vielleicht** ein nettes Mädchen!

Wie groß das Kind geworden ist!

Hat sie **aber** schöne, dicke Haare!

Wie schnell die Zeit vergeht!

Sie ist eine **so** gute Schwimmerin!

Das habe ich **ja** gar nicht gewusst!

Satzformen

Es gibt verschiedene **Satzformen.** Man unterscheidet den **einfachen** und den **zusammengesetzten Satz.**

Der einfache Satz ist immer ein **Hauptsatz.**
Ein zusammengesetzter Satz kann aus zwei Hauptsätzen bestehen oder aus einem Hauptsatz und einem **Nebensatz.**

Hauptsatz

Luzie macht Experimente.

Hauptsatz + Hauptsatz

Luzie macht Experimente und ihre Freundin kocht Tee.

Hauptsatz + Nebensatz

Luzie macht Experimente, **während** ihre Freundin Tee kocht.

Hauptsatz

Der **Hauptsatz** kann für sich alleine stehen und hängt von keinem anderen Satz ab. Er besteht mindestens aus einem Subjekt und einem Prädikat.

Luzie schreibt.

Der Hauptsatz kann durch weitere Satzglieder ergänzt werden. Dabei steht die konjugierte Verbform an zweiter Stelle.

Luzie schreibt täglich viele Versuchsanleitungen.

Hauptsätze können durch Kommas verbunden sein oder durch **Konjunktionen** (Bindewort), zum Beispiel **und** oder **oder**. Dann entfällt das Komma.

Luzie macht Pause, ihre Freundin bringt Tee.

Magst du Kekse zum Tee oder magst du nur Tee?

Hauptsätze können Aussagesätze, Fragesätze, Aufforderungssätze und Ausrufesätze sein.

Satzformen

Der **Nebensatz** kann nicht für sich alleine stehen. Er ergibt nur einen Sinn, wenn er mit einem Hauptsatz verknüpft ist. Verknüpft wird er durch ein **Bindewort.** Diese Verknüpfung nennt man **Satzgefüge.** Die konjugierte Verbform steht im Nebensatz immer am Ende.

Es gibt viele verschiedene **Bindewörter.** Je nachdem durch welches Bindewort ein Nebensatz eingeleitet wird, ändert sich der Inhalt des ganzen Satzgefüges.

Die Bindewörter **wo, woher** oder **wohin** leiten einen Nebensatz ein, in dem es um einen Ort oder eine Richtung geht.

Das Skagerrak ist da, **wo** sich Nordsee und Ostsee treffen.
Man sieht dort genau, **woher** der Wind weht.
Ich beobachte täglich, **wohin** die Schiffe fahren.

Die Bindewörter **seit, als, nachdem, während** oder **bevor** leiten einen Nebensatz ein, in dem es um die Zeit geht.

Wir machen Wanderungen, **seit** ich laufen kann.
Wir waren durchgefroren, **als** wir neulich nach Hause kamen.
Es gab heiße Schokolade, **nachdem** ich geduscht hatte.
Mama duschte, **während** ich es mir gemütlich machte.
Ich stibitzte ihre Wolldecke, **bevor** sie aus dem Bad kam.

Satzformen

Die Bindewörter **weil** oder **da** leiten einen Nebensatz ein, in dem es um einen Grund oder eine Ursache geht.

Der Igel hat kaum Feinde, **weil** er spitze Stacheln hat.
Nur Autos sind seine Feinde, **da** er bei Gefahr nicht wegläuft.

Die Bindewörter **wie** oder **indem** leiten einen Nebensatz ein, in dem es um die Art und Weise geht, wie etwas geschieht.

Es ist erstaunlich, **wie** sich manche Tiere tarnen.
Der Schneehase tarnt sich, **indem** er mit den Jahreszeiten die Farbe seines Felles wechselt.

Die Bindewörter **obwohl** oder **auch wenn** leiten einen Nebensatz ein, in dem ausgedrückt wird, warum trotzdem etwas stattfindet (Gegengrund).

Der Adventskranz brannte, **obwohl** wir aufgepasst hatten.
Das war ein Schreck, **auch wenn** dabei nichts passiert ist.

Das Bindewort **damit** leitet einen Nebensatz ein, in dem es um einen Zweck oder eine Absicht geht. Mit den Bindewörtern **dass** und **sodass** wird eine Folge angegeben.

Das Sicherheitsschloss wurde eingebaut, **damit** Einbrecher keine Chance haben.

Wir hoffen, **dass** sich der Einbau lohnt. Das Schloss ist sogar elektronisch gesichert, **sodass** bestimmt nichts mehr passieren wird.

Die Bindewörter **falls**, **wenn** oder **sofern** leiten einen Nebensatz ein, in dem eine Bedingungen genannt wird.

Rufe mich an, **falls** du Hilfe brauchst. Ich komme, **wenn** ich mit meiner Arbeit fertig bin. Die wird schnell erledigt sein, **sofern** nichts dazwischenkommt.

Satzformen

Der **Relativsatz** ist ein Nebensatz. Er kann nicht alleine stehen. Er wird durch ein **Relativpronomen** (bezügliches Fürwort) eingeleitet. Relativpronomen sind **der, die, das.**

Dort sitzt ein Junge, **der** auf den Bus wartet.

Dort steht eine Frau, **die** auf den Bus wartet.

Dort hüpft ein Mädchen herum, **das** auf den Bus wartet.

Das Relativpronomen bezieht sich auf ein Wort aus dem Hauptsatz. Oft steht es direkt hinter ihm. Es stimmt in **Geschlecht** und in **Singular und Plural** mit ihm überein.

Die **Jungen**, **die** warten, sitzen auf dem Bürgersteig.

Einige, **die** auf den Bus warten, sitzen auf einer Bank.

Es gibt **keinen**, **der** meckert.

Der **Fall,** in dem das Relativpronomen steht, hängt aber von dem Wort ab, auf das es sich bezieht. Es wird, je nachdem welche Rolle es im Nebensatz spielt, dekliniert.

1. Fall (Nominativ)	Der Bus, **der** Verspätung hat, kommt endlich.
2. Fall (Genitiv)	Der Bus, **dessen** Windschutzscheibe zerbrochen ist, wird repariert.
3. Fall (Dativ)	Der Bus, **dem** eine neue Scheibe eingesetzt werden muss, wird ausgewechselt.
4. Fall (Akkusativ)	Der Ersatzbus, **den** alle erwarten, ist total voll.

Häufig steht vor dem Relativpronomen eine **Präposition,** wie zum Beispiel **auf, mit, neben.**

Die Frau, **neben der** ich auf den Bus gewartet habe, steigt als Erste ein.

Der Platz, **auf dem** ich sonst sitze, ist besetzt.

Einige, **mit denen** ich auf den Bus gewartet habe, gehen zu Fuß.

Das Relativpronomen wird wie der bestimmte Artikel dekliniert.

Der **indirekte Fragesatz** ist ein Nebensatz. Er kann nicht alleine stehen. Eingeleitet wird er mit den gleichen Fragewörtern wie der direkte Fragesatz.
Am Ende eines indirekten Fragesatzes steht ein Punkt.

direkter Fragesatz	indirekter Fragesatz
Was soll ich in der Stadt besorgen?	Schreib mir auf, **was** ich in der Stadt besorgen soll.
Wer von euch will mitfahren?	Entscheidet euch, **wer** von euch mitfahren will.
Wie spät ist es?	Ich weiß nicht, **wie** spät es ist.
Wann kommt der Bus?	Ich habe dir schon gesagt, **wann** der Bus kommt.
Wie viele Minuten sind es bis zur Haltestelle?	Sage mir schnell, **wie viele** Minuten es bis zur Haltestelle sind.
Warum bist du immer so spät dran?	Ich frage mich, **warum** du immer so spät dran bist.

Indirekte Fragesätze können auch mit **ob** eingeleitet werden. Sie können aber nicht in eine direkte Frage umgeformt werden.

Ich sage euch Bescheid,
ob ich den Bus erreicht habe.

Nebensatz

Der **Nebensatz** ist dem Hauptsatz untergeordnet.
Er kann seine Stellung verändern, je nachdem was man besonders hervorheben will. Er kann hinter dem Hauptsatz oder vor ihm stehen. Er kann aber auch in ihn eingeschoben sein.

Ich frage mich, warum du immer so früh dran bist.

Warum du immer so früh dran bist, frage ich mich.

Ich bin so früh dran, weil ich nicht zu spät kommen will.

Weil ich nicht zu spät kommen will, bin ich so früh dran.

Ich bin, weil ich nicht zu spät kommen will, so früh dran.

Das Haus der Wortarten

Wörter, die sich verändern

Konjugation

Verb

pflanzen, wachsen,
liegen,
ich singe, du singst,
sie singen

reflexives Verb

sich freuen,
sich verlieben,
sich bedanken,
ich freue mich,
du freust dich,
er freut sich,
sie freut sich

Hilfsverb

haben, sein,
werden,
ich habe, du bist,
es wird

Deklination

Nomen

Konkreta	Abstrakta
der Junge, der Baum, die Katze, die Frau, das Kind, das Buch	der Traum, die Freude, das Glück

Pronomen

ich, du, er, sie, es,
mein, dein, sein,
dieser, diese, dieses,
der, die, das,
wer, was,
welcher, welche, welches

Artikel

der, die, das,
des, dem, den,
ein, eine,
eines, einem,
einen

Adjektiv

blau, lustig,
alt, schnell,
schneller,
schnellste

Zahladjektiv

fünf, dreifach,
wenig,
zahllos, viel

Wörter, die sich nicht verändern

Adverb

sehr, jetzt, überall, draußen,
links, oft, darum, gern

Präposition

in, an, um, auf,
wegen, bei, durch

Konjunktion

weil, als, nachdem, dadurch,
wegen, dass, wenn, wo

Fragewort

wo, wann, warum, wie

Zahladverb

zehnmal, erstens, alle

Das Haus der Wörter

Präfix
Präfixe sind Wortbausteine, die nicht selbstständig stehen können. Sie werden einem Wort vorangestellt.
Präfixe sind: **un-, be-, er-, ver-, miss-, zer-, ent-, ge-, ur- …**

unbearbeitet, **ent**täuschen, **Miss**erfolg

Fugenzeichen
Fugenzeichen verbinden Wörter miteinander.
Fugenzeichen sind: **-e-, -n-, -en-, -es-, -s-, -ens-, -er-**

Hund**e**korb, bär**en**stark, herz**ens**gut

Suffix
Suffixe sind Wortbausteine, die nicht selbstständig stehen können. Sie werden einem Wort nachgestellt.
Suffixe sind: **-sam, -bar, -ig, -lich, -isch, -los, -heit, -keit, -ung, -in, -er, -en …**

arbeit**sam,** erfolg**los,** Schön**heit**

Endung
Seine Endung verändert das Verb, je nachdem wie es konjugiert wird.
Endungen sind: **-e, -st, -t, -en, -te, -test, -ten, -tet**

Simon tauch**t.** Wir tauch**en.** Er spendier**te.**

Das Haus der Satzglieder

Subjekt	Prädikat	
Simon	schreibt	.

Subjekt	Prädikat	Dativ-objekt	Akkusativ-objekt	
Simon	sendet	seiner Freundin	eine E-Mail	.

Subjekt	Prädikat	adverbiale Bestimmung der Zeit	adverbiale Bestimmung des Ortes
Simon	taucht	am Nachmittag	im Schwimmbad

Subjekt	Prädikat	Dativ-objekt	adverbiale Bestimmung der Zeit
Simon	spendiert	seiner Freundin	am Nachmittag

adverbiale Bestimmung des Grundes
adverbiale Bestimmung der Art und Weise
wegen des schönen Wetters
mit großem Vergnügen
.
adverbiale Bestimmung des Ortes
adverbiale Bestimmung des Grundes
adverbiale Bestimmung der der Art und Weise
Akkusativ-objekt
m Schwimmbad
wegen des schönen Wetters
mit großem Vergnügen
ein Eis
.

Das Haus der Satzglieder

Prädikat
Das Prädikat ist der wichtigste Teil eines Satzes.
Es wird immer mit einem konjugierten Verb gebildet.
Nach dem Prädikat fragt man mit
was tut jemand oder **was geschieht.**

Simon **taucht.**
Was tut Simon? → er **taucht**

Es **blubbert.**
Was geschieht? → es **blubbert**

Subjekt
Das Subjekt steht im
1. Fall (Nominativ).
Man fragt nach ihm
mit **wer** oder **was.**

Simon schreibt.
Wer schreibt? → **Simon**

Die Sonne scheint.
Was scheint? → **die Sonne**

Objekt
Ein Objekt ergänzt Subjekt und Prädikat in einem Satz. Es gibt weitere Auskünfte.
Zu einem Satz können ein oder mehrere Objekte gehören.

Simon sendet seiner Freundin eine E-Mail.

Genitivobjekt

(Satzergänzung im **2. Fall**)
Man fragt nach ihm mit **wessen.**

Simon gedenkt **seiner Freundin.**
Wessen gedenkt Simon?
→ **seiner Freundin**

Dativobjekt

(Satzergänzung im **3. Fall**)
Man fragt nach ihm mit **wem.**

Simon spendiert **seiner Freundin** ein Eis.
Wem spendiert Simon ein Eis?
→ **seiner Freundin**

Akkusativobjekt

(Satzergänzung im **4. Fall**)
Man fragt nach ihm mit **wen** oder **was.**

Simon lädt **seine Freundin** ein.
Wen lädt Simon ein?
→ **seine Freundin**

Simon spendiert **ein Eis.**
Was spendiert Simon?
→ **ein Eis**

Adverbiale Bestimmung

Die adverbiale Bestimmung ergänzt einen Satz mit Angaben über **Ort, Zeit, Grund** und die **Art und Weise.** Nach ihr fragt man mit **wo, wann, warum, wie.**

Simon taucht **am Nachmittag.**
Wann taucht Simon? → **am Nachmittag**

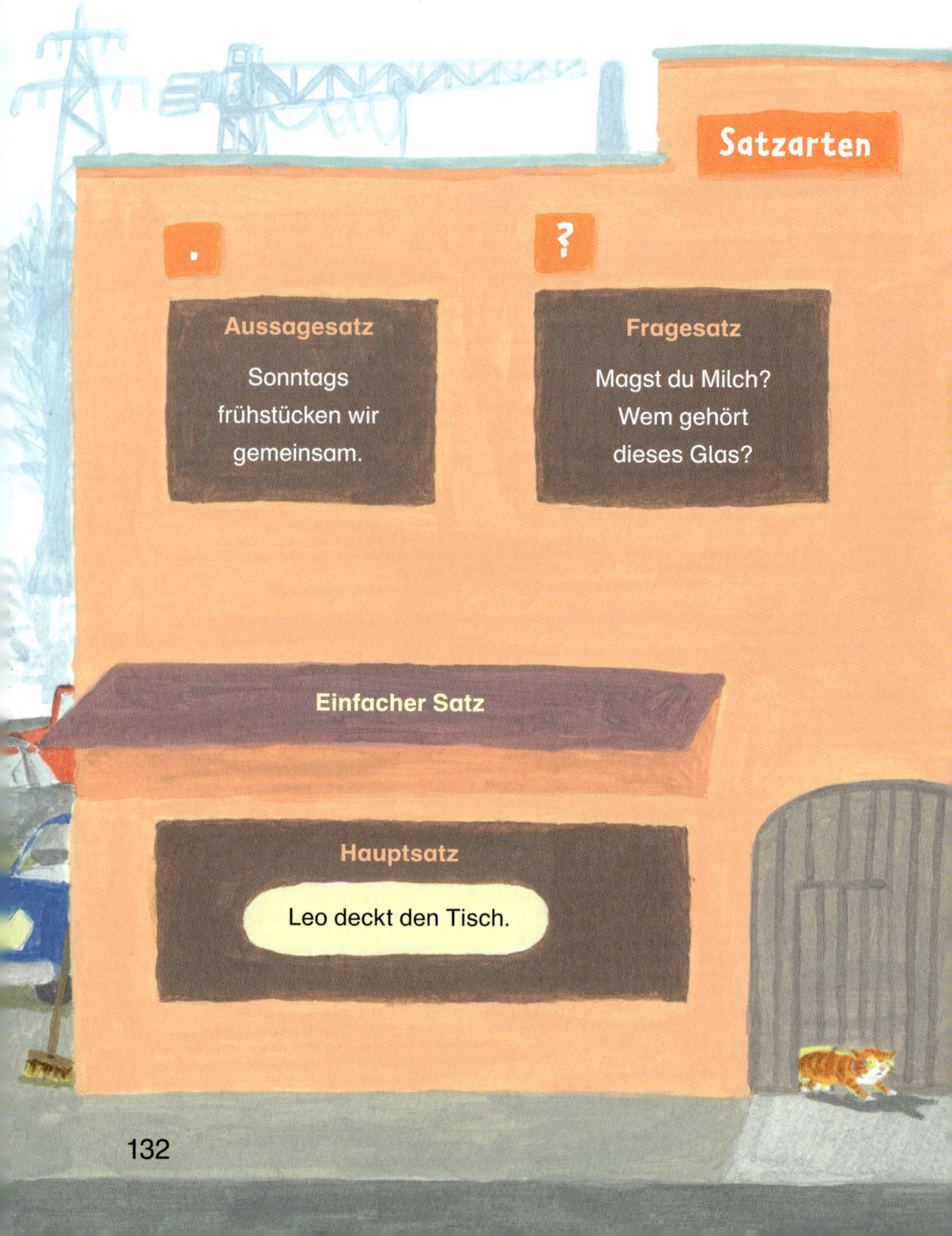
Satzarten
.
?
Aussagesatz
Sonntags frühstücken wir gemeinsam.
Fragesatz
Magst du Milch? Wem gehört dieses Glas?
Einfacher Satz
Hauptsatz
Leo deckt den Tisch.

. !

Aufforderungssatz

Schau mal in den Briefkasten.
Hol jetzt sofort die Zeitung!

!

Ausrufesatz

Was heute wieder alles in der Zeitung steht!

Satzformen

Zusammengesetzter Satz

Hauptsatz + Hauptsatz

Leo deckt den Tisch **und** seine Schwester holt die Zeitung.

Hauptsatz + Nebensatz

Leo deckt den Tisch, **während** seine Schwester die Zeitung holt.

Das Haus der Sätze

Aussagesatz
Mit dem Aussagesatz wird etwas ausgesagt, mitgeteilt oder festgestellt.
Er endet mit einem Punkt.

Fragesatz
Mit dem Fragesatz kann man etwas erfragen.
Er endet mit einem Fragezeichen.

Aufforderungssatz
Mit dem Aufforderungssatz kann man Befehle, Aufforderungen oder Wünsche ausdrücken.
Er endet mit einem Punkt.
Mit einem Ausrufezeichen endet er, wenn man etwas sehr bestimmt will.

Ausrufesatz
Mit einem Ausrufesatz drückt man Verwunderung und Bewunderung aus.
Er endet immer mit einem Ausrufezeichen.

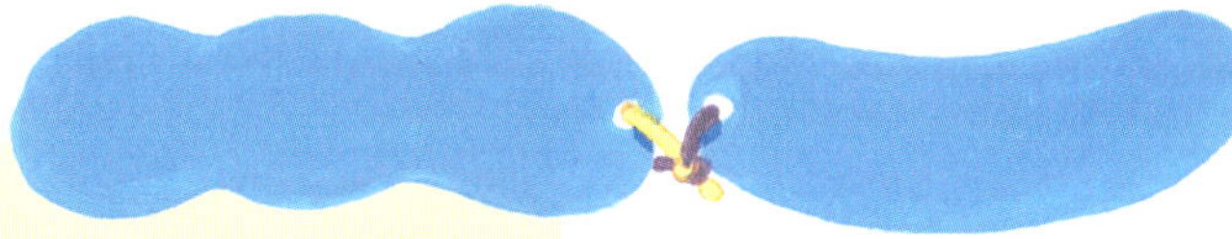

Hauptsatz

Der Hauptsatz kann für sich alleine stehen.

Leos Schwester holt die Zeitung.

Nebensatz

Der Nebensatz kann nicht für sich alleine stehen.
Er wird mit einem Hauptsatz verknüpft.

Leos Schwester holt die Zeitung, weil sie neugierig auf den Sportteil ist.

Relativsatz

Der Relativsatz ist ein Nebensatz. Er kann nicht alleine stehen. Er wird durch ein Relativpronomen (bezügliches Fürwort) eingeleitet.
Relativpronomen sind **der, die, das.**

Leos Schwester holt die Zeitung, die schon im Briefkasten liegt.

Indirekter Fragesatz

Der indirekte Fragesatz ist ein Nebensatz. Er kann nicht alleine stehen. Eingeleitet wird der mit den gleichen Fragepronomen und Fragewörtern wie der direkte Fragesatz.
Am Ende eines indirekten Fragesatzes steht ein Punkt.

Einigt euch, wer den Sportteil zuerst liest.

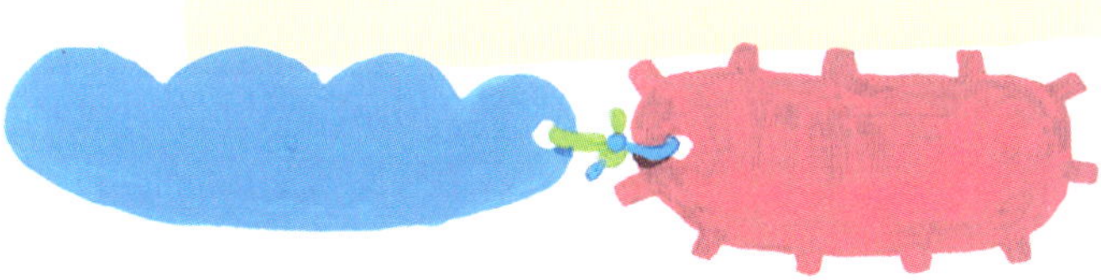

Lateinische Fachbegriffe

Fachbegriff	Erklärung	Beispiel
Abstrakta	Nomen, die etwas Nichtgegenständliches (Abstraktes) bezeichnen	der Hunger, die Liebe, das Jahr
Adjektiv	Wiewort	hübsch, freundlich, grün
Adverb	Beiwort/Umstandswort **Ort, Zeit, Grund, Art und Weise**	**draußen** spielen, **oft** fehlen, **darum** üben, **gern** singen
adverbiale Bestimmung	Umstandsbestimmung **Ort, Zeit, Grund, Art und Weise**	im Garten, seit Montag, wegen Krankheit, ohne Schirm
Akkusativ	4. Fall/Wen- oder Was-Fall	**den** Ball, **die** Katze, **das** Kind
Akkusativ-objekt	Satzergänzung im 4. Fall	Ich fange **den Ball.**
Aktiv	Tatform des Verbs	Ich singe.
Artikel	Begleiter **bestimmter Begleiter** **unbestimmter Begleiter**	 der, die, das ein, eine, ein
Dativ	3. Fall/Wem-Fall	**dem** Ball, **der** Katze, **dem** Kind
Dativobjekt	Satzergänzung im 3. Fall	Ich laufe **dem Ball** hinterher.
Deklination/ deklinieren	Beugung/Beugen **Nomen, Adjektiv, Pronomen, Zahlwort**	**Meine kleine Katze** fängt **viele Mäuse.**
Demonstrativ-pronomen	hinweisendes Fürwort	**dieser** Ball, **diese** Katze, **dieses** Kind

Fachbegriff	Erklärung	Beispiel
Futur	Zukunftsform des Verbs	Wir werden singen.
Genitiv	2. Fall/Wessen-Fall	**des** Balles, **der** Katze, **des** Kindes
Genitivobjekt	Satzergänzung im 2. Fall	Wir gedenken **der** Opfer.
Genus	Geschlecht des Nomens **natürliches Geschlecht** **grammatisches Geschlecht**	 **der** Junge, **die** Frau **der** Löffel, **die** Gabel, **das** Messer
Imperativ	Befehlsform des Verbs	komm, geh, hole
Infinitiv	Grundform des Verbs	singen, basteln
Kasus	Fall **1. Fall (Nominativ)** **2. Fall (Genitiv)** **3. Fall (Dativ)** **4. Fall (Akkusativ)**	 **der** Ball **des** Balles **dem** Ball **den** Ball
Komparativ	1. Vergleichsstufe/ 1. Steigerungsstufe des Adjektivs	schöner, besser
Konjugation/ konjugieren	Beugung/Beugen des Verbs	ich singe, du singst
Konjunktion	Bindewort	und, oder, weil
Konkreta	Nomen, die etwas Gegenständliches (Konkretes) bezeichnen	der Mensch, das Tier, die Pflanze, die Sache
Modalverb	Hilfsverb, durch das sich die Bedeutung des Verbs leicht verändert	Ich **kann** singen. Ich **darf** singen. Ich **will** singen.
Nomen	Namenwort/Substantiv	die Gabel, der Hunger, Max

Lateinische Fachbegriffe

Fachbegriff	Erklärung	Beispiel
Nominativ	1. Fall/Wer- oder Was-Fall	**der** Ball, **die** Katze, **das** Kind
Numerale	Zahlwort **bestimmtes Zahlwort** **unbestimmtes Zahlwort**	 **vier** Hefte **viele** Schüler
Numerus	Zahl des Nomens Einzahl und Mehrzahl/ Singular und Plural	 der Ball, die Bälle
Objekt	Satzergänzung	Wir singen **ein Lied.**
Passiv	Leideform des Verbs	Dieser Ball **wurde** von mir **gefangen.**
Perfekt	2. Vergangenheitsform des Verbs	ich habe gesungen
Personal-pronomen	persönliches Fürwort	ich, du, er, sie, es, wir, ihr, sie
Plural	Mehrzahl	die Kinder
Positiv	Grundstufe des Adjektivs	groß, gut
Possessiv-pronomen	besitzanzeigendes Fürwort	mein, dein, sein, unser, euer, ihr
Prädikat	Satzaussage	Wir **singen** ein Lied. Wir **singen** ein Lied **vor.**
Präfix	vorangestellter Wortbaustein/Vorsilbe	**be**schreiben, die **Be**schreibung, **be**schriftet
Präposition	Verhältniswort **Ort, Zeit, Grund, Art und Weise**	 **auf** dem Schrank, **bis** Montag, **trotz** Regen, **ohne** Schirm
Präsens	Gegenwartsform des Verbs	ich singe

Fachbegriff	Erklärung	Beispiel
Präteritum	1. Vergangenheitsform des Verbs	ich sang
Pronomen	Fürwort	du, dein, diese, der, die, das
reflexives Verb	rückbezügliches Verb	sich freuen
Relativ-pronomen	bezügliches Fürwort	der, die, das
Relativsatz	Nebensatz, der durch ein Relativpronomen eingeleitet wird	Mir gefällt das Lied, **das du singst.**
Singular	Einzahl	das Kind
Subjekt	Satzgegenstand	**Wir** singen ein Lied.
Substantiv	Namenwort/Nomen	die Gabel, der Hunger, Max
Suffix	nachgestellter Wortbaustein/Nachsilbe	glück**lich**, Kind**heit**
Superlativ	2. Vergleichsstufe/höchste Steigerungsstufe des Adjektivs	das schönste Bild, am schönsten malen
Tempus	Zeitform des Verbs **Präsens (Gegenwart)** **Präteritum (1. Vergangenheit)** **Perfekt (2. Vergangenheit)** **Futur (Zukunft)**	 ich singe ich sang ich habe gesungen ich werde singen
Verb	Tunwort	singen
Vokal	Selbstlaut	a, e, i, o, u

Register

G

H

I

K

L

M

N

Register